Umschlagillustration:

Für die Umschlagillustration wurde ein dreidimensionales Illusionsbild aus den Bänden »Das magische Auge«, erschienen in der arsEdition München, verwendet. Und so können Sie das 3D-Bild erkennen: Führen Sie das Buch an die Nasenspitze. Blicken Sie geradeaus, als würden Sie durch das Bild hindurchsehen. Bewegen Sie das Buch langsam von sich weg und blinzeln Sie nicht. Vor Ihren Augen entwickelt sich ein dreidimensionales Bild ...

Buch

Immer mehr Menschen suchen einen Zugang zum Tarot – dem großen, alten Kartenorakel abendländischer Tradition, das zu Lebensfragen und in Entscheidungssituationen wertvolle Ratschläge zu geben weiß. Je nach Frageebene hat dabei jede der 78 Karten unterschiedliche Bedeutungen. Die Verwechslung der Frage- und der Bedeutungsebene bringt häufig Fehlauslegungen mit sich, was nicht nur den Tarotneuling verwirrt, sondern auch dem Tarotkundigen gelegentliche Kopfschmerzen bereiten kann.
Dieses Einstiegsbuch schafft Abhilfe:
Hajo Banzhaf, Deutschlands bekanntester Tarotexperte, hat Schlüsselworte zusammengetragen, die alle 78 Karten der Großen und der Kleinen Arkana auf den wichtigen Frageebenen wie Beruf, Beziehung oder Selbsterkenntnis richtig deuten. Für eine ergiebige Kartenbefragung ist aber auch die Auswahl der geeignetsten Legemethode wesentliche Voraussetzung. Aus seiner langjährigen Praxis zeigt Ihnen Hajo Banzhaf hier nicht nur 21 verschiedene Methoden, die Karten auszulegen, sondern er führt Sie auch verläßlich von Ihrer persönlichen Fragestellung zu dem dafür besten Legesystem. Schlüsselworte für die Bedeutung aller Plätze bei diesen Legemethoden erleichtern Ihnen auch hier wieder die Deutung.
Als erstes Tarotbuch bietet *Schlüsselworte zum Tarot* darüber hinaus eine detaillierte Übersicht und Abgrenzung all der Karten, deren Aussagen einander ähneln, und stellt außerdem Karten mit gegensätzlicher Bedeutung einander gegenüber.
Schlüsselworte zum Tarot ist eine erstklassige Chance für Sie, den richtigen, leicht verständlichen Einstieg in die faszinierende Welt des Tarots zu finden.

Autor

Hajo Banzhaf wurde 1949 in Gütersloh geboren. Nach dem Abitur Sprachstudium in Frankreich. Philosophiestudium an der Universität Münster. Danach Banklehre in München mit nachfolgender zwölfjähriger Banklaufbahn. Seit 1985 freiberuflich tätig als Vermögensverwalter, Buchautor, Kursleiter. Astrologe und als Berater mehrerer Verlage. Seit 1972 befaßt er sich zunächst mit der Astrologie und in den folgenden Jahren auch mit dem Tarot.
Hajo Banzhaf ist Autor der Bücher *Das Tarot-Handbuch, Tarot-Spiele, Das Arbeitsbuch zum Tarot* und entwarf das Legeset *Das Geheimnis der Hohepriesterin*; er gibt regelmäßig Tarotkurse, veröffentlicht Beiträge in einer Reihe bekannter esoterischer Zeitschriften und hält seit mehreren Jahren Fachvorträge zu den Themen Astrologie und Tarot.

HAJO BANZHAF
Schlüsselworte zum Tarot

*Das Einstiegsbuch
mit vielen Legearten*

GOLDMANN VERLAG

Sonderausgabe
Der Titel ist bereits unter der Nummer 12077 als Goldmann-Taschenbuch erschienen.
Die abgebildeten Karten stammen aus dem Rider-Waite-Tarot und aus dem Tarot von Marseille.

Umwelthinweis:
Alle bedruckten Materialien dieses Taschenbuches
sind chlorfrei und umweltfreundlich.

Der Goldmann Verlag
ist ein Unternehmen der Verlagsgruppe Bertelsmann

Erweiterte taschenbuchgerechte Ausgabe der Broschüre, die als Anleitung
dem Tarot-Legeset beiliegt, das 1989 im Heinrich Hugendubel Verlag, München,
erschienen ist unter dem Titel: »Das Geheimnis der Hohenpriesterin und
19 weitere Arten, die Karten zu legen«.
© 1990 Wilhelm Goldmann Verlag, München
Umschlaggestaltung: Design Team München
Umschlagillustration: Aus dem Buch »Das magische Auge I«,
© 1994 N. E. Thing Enterprises,
erschienen im Verlag arsEdition München und Zug
Druck: Presse-Druck Augsburg
Satz: Filmsatz Schröter GmbH, München
Verlagsnummer: 43013
Lektorat: Brigitte Leierseder-Riebe
Ba · Herstellung: Martin Strohkendl/sc
Made in Germany
ISBN 3-442-43013-5

10 9 8 7 6 5 4 3 2 1

Inhalt

Grundlagen — 7
Was ist Tarot? — 9
Aufbau des Kartenspiels — 9
Herkunft der Karten — 10
Die verschiedenen Kartenspiele — 11
Häufige Fragen und ihre Antworten — 12
Die besondere Rolle der Hofkarten — 19
Wie kann man Kartendeuten erlernen? — 21
Weltenschöpfung und Nachtmeerfahrt – Die Reise
des Helden durch die 22 Karten der Großen Arkana — 23

Von der Fragestellung zur Deutung — 41
Schnelleinstieg für Ungeduldige — 43
Wie muß die Frage gestellt werden? — 44
Übersicht über 21 Legesysteme nach Fragerichtung
und Schwierigkeitsgrad — 46
Der Weg von der Frage zum richtigen Legesystem — 47
Mischen, Ziehen und Auslegen der Karten — 50
Die Deutung — 50

Die Legesysteme (alphabetisch geordnet) — 53
 1. Das Ankh — 55
 2. Der astrologische Kreis — 56
 3. Das Beziehungsspiel — 60
 4. Der blinde Fleck — 63
 5. Das Entscheidungsspiel — 65
 6. Das Geheimnis der Hohenpriesterin — 67
 7. Inannas Abstieg in die Unterwelt — 70
 8. Das keltische Kreuz — 75
 9. Das Kreuz — 79

10. Das Krisenspiel	81
11. Die Lemniskate (∞)	82
12. Leonardo oder Ideal und Wirklichkeit	84
13. Das Narrenspiel	86
14. Das Partnerspiel	88
15. Das Planetenspiel	90
16. Das Planspiel	93
17. Der Stern	94
18. Die Stufenleiter	96
19. Die Tür	98
20. Der Weg	100
21. Der Zauberspruch der Zigeuner	102

Schlüsselwörter zur Deutung — 105
Die 22 Karten der Großen Arkana — 107
Die 56 Karten der Kleinen Arkana — 123
– Stäbe — 123
– Schwerter — 130
– Münzen — 137
– Kelche — 144

Bedeutungsunterschiede der Karten bei gleicher Thematik — 151

Bedeutungsgegensätze einzelner Karten untereinander — 175

Erklärung von Wörtern und Begriffen — 181

Zwei Deutungsbeispiele — 184

Anhang — 191
Spiegeln die Großen Arkana die Wirklichkeit des Stierzeitalters? – Gedanken über die Wurzeln der Tarotsymbolik — 193
Zahlenmystik und Mythologie als Schlüssel zum besseren Verständnis der Tarotsymbole — 200

Grundlagen

Es kann in Wirklichkeit keinen Zufall geben,
denn eine einzige Ausnahme von der
allgemeingültigen Gesetzmäßigkeit des Weltgeschehens
würde dieses aus den Angeln heben.
Als »Zufall« bezeichnen wir infolgedessen
nur solche gesetzmäßigen Abläufe bzw. Zusammenhänge,
deren ursächliche Verknüpfungen
wir mit unserem begrenzten Begriffsvermögen
noch nicht vollständig erfassen können.

Dr. Hans Endres, »Numerologie«

Was ist Tarot?

Tarot ist ein aus alter Zeit überliefertes Kartenspiel, das neben seinem hohen spirituellen Aussagewert wohl schon immer einen weitverbreiteten Gebrauch als Orakelspiel fand. Die spirituelle Seite hatte für jene Kreise eine hohe Bedeutung, die in Mysterienschulen, Logen, Bruderschaften und sonstigen Geheimbünden zusammenkamen, um alte Traditionen und Symbole zu studieren. Sie fanden in diesen Karten die Grundstruktur des mystischen Einweihungsweges aufgezeichnet. Der vergleichsweise »profane« Gebrauch als Orakel für die Fragen des Alltags war dagegen das Motiv für das breite Interesse, das die Karten damals wie heute fanden und finden. Dieses Buch zeigt, wie man die Karten sowohl in der einen wie auch in der anderen Richtung befragen kann: Die tiefe Bedeutung der Karten als Wegweiser auf dem Einweihungsweg erschließt sich aus den Legemethoden, die für Fragen der Selbsterfahrung geeignet sind (siehe Seite 50). Für den Gebrauch als Orakel in allen übrigen Fragerichtungen eignen sich fast alle Legemethoden.

Aufbau des Kartenspiels

Seit etwa 1600 ist Tarot im wesentlichen in der Form verbreitet, wie wir es heute kennen. Es besteht aus 78 Karten, die sich in zwei Gruppen unterteilen:

22 Karten der Großen Arkana[1], auch Trumpfkarten genannt, und 56 Karten der Kleinen Arkana[1].

Die 56 Kleinen Arkana bilden das *Vierfarbspiel*, wie es auch aus anderen weitverbreiteten Kartenspielen her bekannt ist. Als Farbe oder Satz wird hier das Symbol bezeichnet, das eine jede

---

1 Arkana ist der Plural des lateinischen Wortes Arcanum, das Geheimnis bedeutet. Wir unterscheiden hier somit die 22 Großen Geheimnisse und die 56 Kleinen Geheimnisse.

dieser vier Serien vereint. Die Symbole des Tarots entsprechen denen der heutigen Spielkarten wie folgt:

Tarot	Französische Karten	Deutsche Karten
Stäbe	Kreuz oder Treff ♣	Eichel
Schwerter	Pik ♠	Blatt
Kelche	Herz ♥	Herz
Münzen	Karo ♦	Schellen

Jeder dieser vier Sätze besteht aus 14 Karten, die sich zusammensetzen aus:

10 Zahlenkarten: As (= eins), zwei, drei bis zehn, und 4 Hofkarten: König, Königin, Ritter und Bube.

Bei den meisten Tarotspielen können Sie die Karten der Großen Arkana leicht von denen der Kleinen unterscheiden: Auf allen Karten der Großen Arkana finden Sie einen Namen *und* eine Zahl, auf den Karten der Kleinen Arkana entweder einen Namen *oder* eine Zahl.

Herkunft der Karten

Die Herkunft der Karten liegt im dunkeln. Sicher ist nur, daß sie im 14. Jahrhundert in Europa auftauchten und sich dann sehr schnell verbreiteten. Eine der ersten Erwähnungen geht auf den Dominikanermönch Bruder Johannes zurück, der in der Nähe von Basel lebte und 1377 in seinem *Tractatus de moribus et disciplina humanae conversationis* von einem Kartenspiel spricht. Die Liste uns bekannter früher urkundlicher Erwähnungen, aus der sich auch die schnelle Verbreitung der Karten ablesen läßt, ist wie folgt[2]:

---

2 Zitiert aus *Michael Dummet, »The game of Tarot from Ferrara to Salt Lake City«*, London (Duckworth) 1980, S. 10

1377 Florenz	1379 Brabant	1389 Zürich	1380 Barcelona
1377 Paris	1379 St. Gallen	1390 Venedig	1380 Nürnberg
1377 Basel	1380 Perpignan	1390 Holland	1391 Augsburg
1377 Siena	1381 Marseille	1391[3] Sizilien	1392 Frankfurt
1378 Regensburg	1382 Lille	1379[4] Bern	1397 Ulm
1379 Viterbo	1384 Valencia	1379 Konstanz	1397 Leyden

Viele dieser urkundlichen Zeugnisse stammen aus Verboten, mit denen die Karten auch im Laufe der folgenden Jahrhunderte immer wieder belegt wurden. Dabei ist unklar, ob es sich um Karten handelte, die im Sinne des heutigen Tarots als Orakel genutzt wurden, oder um einfache Spielkarten. Die neuere Forschung geht vom letzteren aus. Sie sieht guten Grund zu der Annahme, daß ein Vierfarbspiel – die Basis unserer heutigen Spielkarten, aber auch der Kleinen Arkana des Tarots – im 14. Jahrhundert aus der islamischen Welt nach Europa kam und sich hier zunächst und vor allem als Unterhaltungsspiel verbreitete.

Über den Ursprung der 22 Karten der Großen Arkana gibt es viele Vermutungen und Spekulationen. Letztlich sicher ist aber nur, daß die Motive der Karten uralt sind. Dem Kundigen spiegeln sie den Einweihungsweg oder die Stationen auf der Reise des Helden wider, wie sie uns aus Mythen und Märchen bekannt ist. So sind sie Ausdruck der Urbilder unserer Seele, die C. G. Jung »Archetypen« nannte. Die Frage, wie alt die Karten sind, verblaßt, wenn wir uns bewußt machen, daß die Bilder, die sie zeigen, bis zu den Anfängen des menschlichen Bewußtseins zurückreichen (siehe Seite 193).

Die verschiedenen Kartenspiele

Während die frühen Kartenspiele eine sehr breit gefächerte Struktur aufweisen, bildet sich gegen Ende des 15. Jahrhunderts das noch heute übliche Spiel heraus, das aus 78 Karten besteht. Es wird schon bald das »Venetianische Tarot« oder häufiger noch

---

[3] zwischen 1377 und 1391
[4] zwischen 1367 und 1398, vermutlich 1379

das »Tarot von Marseille« genannt, weil man den Ursprung des Spiels mal in der einen, mal in der anderen Stadt vermutete.

Gegen Ende des 18. Jahrhunderts entwarf der Okkultist Etteilla (der seinen eigentlichen Namen *Alliette* im Sinne damals verbreiteter mystischer Übung rückwärts führte) ein neues Tarot, das sich schnell verbreitete. Wie schon sein Meister Court de Gébelin war er der Ansicht, daß die Karten aus alter ägyptischer Zeit überliefert seien. In seinem neuen Tarot, dem *Grand Etteilla* korrigierte er nun die Fehler, die sich seiner Meinung nach im Laufe der Jahrhunderte eingeschlichen hatten. Seine Arbeit wurde jedoch von großen Okkultisten wie Eliphas Levi und anderen verworfen, und so wandte sich das Interesse schon bald wieder dem Tarot von Marseille zu.

Erst um die letzte Jahrhundertwende gab es den entscheidenden neuen Impuls. Arthur Edward Waite, ein in England lebender gebürtiger Amerikaner, Mitglied und zeitweise Leiter des damals einflußreichen »Order of the Golden Dawn« (Orden der Goldenen Morgenröte), entwarf ein neues Tarot. Die Bilder zeichnete ein Ordensmitglied, die Künstlerin Pamela Colman-Smith. Bekannt wurde es unter dem Namen des Verlegers Rider und des Autors Waite als das *Rider-Waite-Tarot*. Was diese neuen Karten so erfolgreich werden ließ, daß sie noch heute das mit großem Abstand meistgefragte Tarotspiel bilden, ist eine entscheidende, höchst bereichernde Veränderung: In allen früheren Tarotdecks waren nur die 22 Karten der Großen Arkana, die 16 Hofkarten und manchmal die 4 Asse bildhaft illustriert. Die übrigen Karten – und das ist etwa die Hälfte – hatten als Motiv lediglich die ihrem jeweiligen Zahlenwert gemäße Wiederholung des Symboles ihres Satzes. So zeigte die Drei der Stäbe eben 3 Stäbe und die Neun der Kelche 9 Kelche usw. Zusammen mit der Künstlerin Colman-Smith gelang es Waite, auch diese Karten aussagekräftig zu illustrieren, so daß seitdem alle 78 Karten Bilder zur Bedeutung jeder Karte führen.

In den folgenden Jahrzehnten entstanden dann immer neue Tarotspiele, unter denen vor allem die Karten von Aleister Crowley berühmt wurden. Sie wurden von Lady Frieda Harris gezeichnet und erschienen 1944 unter dem Namen »Das Buch Thot«. Crowley greift damit den Namen auf, den schon gut 150 Jahre zuvor Etteilla für die Tarotkarten gebrauchte, da letzterer »herausgefunden« hatte, daß damals (1783) vor 3953 Jahren und damit »genau« 171 Jahre nach der Sintflut der Tarot von 17 Magiern unter dem Vorsitz des legendären Hermes Trismegistos (häufig mit dem ägyptischen Weisheitsgott Thot identifiziert) erschaffen und auf goldenen Plättchen eingraviert wurde. Leider verschwieg Etteilla, woher er diese bemerkenswerten Kenntnisse gewonnen hat.

Ende der siebziger Jahre setzte dann der Aufschwung ein, der Tarot nicht nur in einer bisher nicht dagewesenen Verbreitung bekanntmacht, sondern auch immer neue Spiele hervorbringt. Mehrere hundert verschiedene Tarotspiele sind heute erhältlich, von denen das wohl bekannteste von Salvador Dalí stammt. Er war aber nicht der erste große Künstler, der sich mit dem Tarot befaßt hat. Fast 500 Jahre zuvor, zwischen 1494 und 1496, zeichnete schon Albrecht Dürer Karten nach Vorlagen des wunderschönen »Tarots von Mantegna«.

Viele der neuen Spiele folgen in ihrem Aufbau der Struktur und den Motiven von Arthur Edward Waite und können auch aus dieser Sicht gedeutet werden. Andere gehen völlig neue Wege und verwirren den Interessenten oft ziemlich, weil kein Buch – geschweige denn die beiliegende Anleitung – zu der Bedeutung der Symbolik führt. Völlig ratlos aber steht man vor den natürlich nicht ausbleibenden Auswüchsen einer solchen Entwicklung: einem Horror-Tarot, einem Tarot der phantastischen Schuhe oder dem Tabak-Tarot[5].

Häufige Fragen und ihre Antworten

Wonach lassen sich die Karten befragen?

Karten lassen sich in jeder Hinsicht befragen. Eines können sie allerdings nicht: mit »ja« oder »nein« antworten. Dennoch sind sie sehr wohl hilfreich bei einer Entscheidung, indem sie die Konsequenzen aufzeigen, ohne dem Frager die Entscheidung

---

5 Einen schönen Überblick über die breite Palette verschiedenster Tarotkarten gibt der Ausstellungskatalog »*Tarot – Tarock – Tarocchi*«, herausgegeben vom Deutschen Spielkarten Museum in 7022 Leinfelden-Echterdingen.

abzunehmen. Außerdem lassen sie sich nach Tendenzen befragen, können zu Fragen Vorschläge machen und – bei Selbsterfahrungsspielen – wertvolle Anregungen und Informationen über uns selbst geben (siehe dazu auch Seite 46).

Wie kommt es, daß uns die Karten eine bedeutsame Antwort geben können?

Dieses Phänomen läßt sich sicherlich nicht hinreichend erklären. Aber es gibt dazu zwei interessante Überlegungen:

1. Unser Unbewußtes hat ein anderes Verhältnis zu Raum und Zeit als unser Bewußtes und ist in der Lage, über den Tellerrand der Gegenwart hinauszuschauen, wie jeder von uns es schon in Zukunftsträumen und eigenem Vorauswissen erlebt hat. Die Sprache des Bewußten sind Worte, die Sprache des Unbewußten dagegen Bilder. Die Tarotkarten nun sind das Alphabet für die Bildersprache unserer Seele. Mit ihnen kann unser Unbewußtes ausdrücken, wie es die Frageangelegenheit sieht. Alles, was unser Bewußtes tun muß, ist, die Sprachen des Unbewußten zu lernen, um zu verstehen, was da gesagt wird.

2. Der zweiten Überlegung liegt der Begriff der Zeitgleichheit zugrunde, der Synchronizität, von der C. G. Jung gesprochen hat. Wir sind gewohnt, die Zeit in Quantitäten zu messen. Es gibt aber auch eine Qualität der Zeit, an die sich unsere Sprache sehr wohl erinnert, wenn sie vom *richtigen* Augenblick spricht. Nun ist es weniger die bewußte Überlegung, die uns zu dem rechten Augenblick führt. Viel verläßlicher ist dabei unsere innere Uhr oder Stimme. Jeder Augenblick hat seine Qualitätsmerkmale auf den verschiedenen Ebenen: makrokosmisch in planetaren Konstellationen, mikrokosmisch in atomaren Bewegungen und dazwischen auf unendlich vielen anderen Stufen, von denen Tarot ebenso eine ist wie das I Ging und andere Orakelmethoden. Der Augenblick, in dem wir dazu kommen, dem Orakel die uns interessierende Frage zu stellen, weiß auch die rechte Antwort darauf und teilt sie uns durch das Orakel unserer Wahl mit. Deshalb ist es wenig bedeutsam, welches Orakel wir wählen, für welche Tarotkarten wir uns entscheiden. Wichtig ist vor allem, daß der Deuter die Sprache des Orakels spricht und versteht.

Gibt es eine geheime, aber wirklich wahre, letzte und objektive Bedeutung der Karten?
Nein. Es gibt nur subjektive Auslegungen. Wie es dennoch zu wertvollen Aussagen kommen kann, erklärt der nächste Absatz.

Wie kann es sein, daß ein Frager die »richtigen« Karten zieht, ohne zu wissen, was sie bedeuten oder welches Legesystem der Deuter benutzen wird?
Die Grundregel lautet: »Der Frager spielt immer das Spiel des Deuters.« Während des Kartenlegens besteht auf unbewußter Ebene Einigkeit zwischen Deuter und Frager, so daß der Frager die richtigen Karten für den jeweiligen Deuter zieht. Insofern ist es auch unsinnig, eine Deutung von einem anderen Kartenkundigen »begutachten« zu lassen, denn für dessen Verständnis hätte der Frager ja durchaus andere Karten gezogen, die dennoch zur gleichen Aussage geführt hätten.

Muß man sich auf die Frage konzentrieren, während man die Karten mischt, abhebt, zieht oder auslegt?
Nein, auf keinen Fall. Lassen Sie sich von der Überlegung leiten, daß Ihr Unbewußtes ohnehin schon weiß, was es fragen will, was Sie fragen wollen. Also geht es nur darum, daß Ihr Bewußtes einmal erfährt, wie die Frage lautet. Machen Sie sich deshalb zunächst klar, was Sie fragen wollen, um hinterher die Antwort richtig zu verstehen. Während Sie mischen, ziehen oder auslegen, können Sie die Frage dann fast wieder vergessen (deshalb sollten Sie Ihre Frage vielleicht doch besser aufschreiben, damit Sie sie bei der Deutung wieder vor Augen haben).

Woher weiß man, welche der vielen Bedeutungen einer Karte im Einzelfall richtig ist?
Aus dem Innersten. Wundern Sie sich nicht, wenn Sie – als Deuter – plötzlich bei einer Karte eine ganz neue Seite entdecken! Seien Sie eher skeptisch, wenn Sie schon formelhaft stets dieselbe Deutung herunterspulen. Wenn Sie allerdings einmal wort- und hilflos feststecken, können Ihnen die Karten selbst weiterhelfen: Fragen Sie nach der speziellen Bedeutung einer Karte, indem Sie dazu das Kreuz legen (siehe Seite 79).

Wenn man die Karten zum gleichen Thema gleich zweimal hintereinander legt, kommen dann die gleichen Karten?

Wahrscheinlich nicht. Häufig genug aber kommen sehr ähnliche Karten, so daß die Gesamtaussage in der Zusammenschau weitgehend identisch ist. Die Karten können aber auch einen zusätzlichen, allerdings stets nachgeordneten Aspekt der Frageangelegenheit anzeigen. Beruht das zweimalige Aufeinanderlegen allerdings nur auf der Neugier zu testen, ob die Karten wirklich »funktionieren«, tun sie es üblicherweise nicht. Das liegt weniger daran, daß sie uns für die »unerlaubte Neugier eins auswischen«, sondern vielmehr an der inneren Haltung des Fragers und des Deuters: Nur dort, wo Bewußtes und Unbewußtes in harmonischem Einklang sind, können Phänomene wie vorausschauende Kartendeutung entstehen. Wenn sich unser Bewußtsein dagegen zweifelnd gegen unsere intuitive Ebene stellt, ist die Harmonie gestört und die Aussagequalität der Karten gemindert oder wertlos.

Für welchen Zeitraum sind die Karten gültig? Für welche Zeiträume kann man Karten befragen?

Für den Nahzeitraum von drei Monaten. Das heißt nicht, daß sie danach ihre Bedeutung verlieren. Sie werden für uns aber immer schwerer verständlich, so daß der Aussagewert bei Fragen, die über zwölf Monate hinausgehen, bereits ungewiß ist.

Der durchschnittliche Zeitraum, auf den sich die Karten beziehen, ist vier bis sechs Wochen. Davon ausgenommen sind alle Selbsterfahrungsspiele, für die sich keine Regel aufstellen läßt, sowie das Narrenspiel, das auch über sehr große Zeiträume einen Überblick geben kann. Darüber hinaus haben einige Karten einen Zeitaspekt: Zeitverkürzend ist die Acht der Stäbe und manchmal auch der Wagen (VII). Dagegen verlangt die Sieben der Münzen Geduld. Vor allem aber die Vier der Schwerter und der Gehängte (XII) deuten auf zum Teil erhebliche Verzögerungen hin.

Wie zuverlässig ist das Kartenorakel?

So zuverlässig wie der Ratschlag des alten weisen Mannes. Die höchste »Trefferquote« haben die Karten zweifellos in Aussagen, die Vergangenheit und Gegenwart betreffen, weil diese Ereignisse und Erfahrungen bereits festgeschrieben sind oder gerade passieren. Nicht im gleichen Maße, aber dennoch mit einer bedeutsamen Wahrscheinlichkeit treffen Prognosen ein, wobei die Verläßlichkeit mit zunehmender zeitlicher Distanz zum gefragten Ereignis abnimmt (siehe dazu den vorstehenden Abschnitt).

Diese verminderte Zuverlässigkeit bei der Prognose erklärt sich aus unserer Freiheit, unser Leben selbst zu gestalten. Das ist auch der Grund, warum Prognosen für Menschen hoher Lebensbewußtheit nicht mit der gleichen Konstanz eintreffen wie bei Menschen, die sich einfach ihrem Schicksal überlassen. Die Karten – wie auch alle anderen Orakel – weisen auf Erfahrungen hin, die wir machen müssen. In dieser Hinsicht ist ihre Aussage sehr verläßlich. Wie wir jedoch diese Erfahrungen erleben und welche Ereignisse sich damit verbinden, das ist Teil unserer menschlichen Freiheit.

Gibt es eine Aussagegrenze und damit Dinge, die ein Kartendeuter nicht voraussagen kann oder sollte?

Ja. Ein Kartendeuter ist im Gegensatz zu einer landläufigen Erwartung kein Wahrsager. Er ist ein Übersetzer, der die Sprache der Bilder spricht, und der – ähnlich wie ein Traumdeuter – beim Dialog des Fragers mit dessen Unbewußtem vermittelt. Die Aussagegrenze liegt in der bildhaften Beschreibung einer künftigen *Erfahrung*. Die Bedeutung der Aussage liegt darin, ein tieferes Verständnis für die größeren Zusammenhänge dieser Erfahrung zu bekommen. Wertlos bis fragwürdig sind Aussagen, die darüber hinausgehen und ein scheinbar unentrinnbares *Ereignis* ankündigen.

Wird der Frager durch Karten oder andere Orakel nicht zu sehr manipuliert, oder macht er eine schlechte Erfahrung vielleicht nicht nur deshalb, weil sie ihm vorausgesagt wurde?

Nach meiner Erfahrung nimmt ein Frager nur die Antwort an, für die er innerlich bereit ist. Erscheint sie ihm als absurd oder unannehmbar, verwirft er sie oder befragt ein anderes Orakel. Es kommen immer wieder Menschen zu mir, die bei Wahrsagern waren, für die es keine Aussagegrenze zu geben scheint, und die scheinbar unvermeidliches Unglück prophezeiten (furchtbare Todesarten naher Angehöriger, wirtschaftlicher Ruin mit abschließendem Selbstmord usw.). Ein Gespräch des Inhalts, daß solche Aussagen willkürlich und unhaltbar seien, hat dann wenig Wirkung. Erst wenn der Frager versteht, daß er diese Prophezeiung »brauchte«, etwa um seinen Partner wieder mit neuen Augen zu sehen, löst sich der seelische Druck. (Nur darum geht es, die Prophezeiung tritt ohnehin nicht ein.) Ich will damit sicher nicht rechtfertigen, daß unverantwortliche Wahrsager haltlose, schreckliche und gleichzeitig wertlose[6] Aussagen machen. Ich möchte nur erklären, daß der Frager hier wie auch bei jeder anderen Beratung oder Therapie die Aussage bekommt und die Erfahrung macht, die er in seiner Situation braucht.

Worin liegt denn die Bedeutung des Orakels?
Sicherlich nicht in der Prognose von profanen Alltagsereignissen. Was Tarot (ebenso Astrologie und I Ging) so wertvoll macht, ist das tiefe Verständnis für unseren Aufgabenplan und unsere Wesensnatur, zu dem uns jedes dieser Orakel führt.

Wie verhält sich Tarot zu Astrologie oder dem I Ging?
Jedes Orakel spricht seine eigene Sprache, wobei abendländische Traditionen wie Tarot und Astrologie einander näher verwandt sind. Sie verhalten sich etwa zueinander wie Deutsch und Englisch: Sie lassen sich gut übersetzen. Es gibt aber in beiden Sprachen auch Ausdrücke, die die andere nur umschreiben kann. Die Entfernung zum I Ging ist dagegen in der Tat so groß wie der Unterschied zwischen Deutsch und Chinesisch. Es bedarf eines tiefen Gefühls für die andere Kultur, um deren Sprache zu verstehen.

Nach meiner Erfahrung liegt die Stärke des Tarots darin, Entwicklungen im Nahbereich deutlich zu machen. Astrologie ist der Schlüssel zur Wesensnatur des Menschen und seinen großen Erfahrungszyklen, während ich das I Ging als einen ausgezeichneten Anstoß erlebe, um mich inhaltlich mit einer Situation auseinanderzusetzen.

---

6 Selbst wenn es möglich wäre, beispielsweise über die Art des Todes eine Aussage zu machen, und selbst wenn diese Aussage zuträfe, wäre sie dennoch völlig wertlos, weil dem Frager dieses Wissen in keiner Weise weiterhilft.

Darf man den Karten überhaupt Alltagsfragen stellen?
Ja. Es wäre nur schade, wenn es dabei bliebe und die wirklich bereichernden tiefen Ebenen nicht erkannt würden.

Kann man Karten für nichtanwesende Personen legen?
Ja, man kann. Natürlich sollte der Fragesteller einen engen Bezug zu dieser Person und ein berechtigtes Interesse an der Frage haben. Es ist allerdings beeinträchtigend, wenn die Beziehung zwischen dem Frager und der Person, um die es geht, erheblich gestört ist. Die Karten spiegeln dann oft die Wünsche des Fragers wider, aber nicht so sehr die tatsächliche Situation des anderen.

In jedem Fall sollte man sich mit dieser Form des Spiels vorsichtig vertraut machen, um nicht eines Morgens in einem selbstgebastelten, weltfremden Kartenhaus zu erwachen.

Warum werden die Karten mit der linken Hand gezogen?
Weil die linke Körperseite seit alter Zeit als die intuitive gilt. Ein Wissen, das von der neueren Gehirnforschung bestätigt wurde.

Sollen auch Linkshänder bei der Auswahl ihrer Karten mit links ziehen?
Ja.

Darf man sich die Karten auch von anderen ziehen lassen?
Ja. Wenn der Frager innerlich sehr angespannt ist oder zu feste Erwartungen im Zusammenhang mit der Frage hat, ist es günstig, wenn er sich die Karten von einem ihm sympathischen Menschen ziehen, legen und deuten läßt.

Die besondere Rolle der Hofkarten

Eine wichtige Vorbemerkung gilt den Hofkarten, die in der traditionellen Deutung überwiegend als Personen ausgelegt werden. Sie sind Lieblingskind der Jahrmarktskartenlegerei, weil mit ihnen all die unhaltbaren Hoffnungen auf den reichen Onkel aus Amerika, die Traumfrau, den Märchenprinzen und alle anderen herbeigesehnten Gestalten geweckt werden. Den anspruchsvollen Kartendeuter aber führen sie gelegentlich in Verlegenheit, weil nicht immer klar wird, welche Person gemeint ist, und wie wichtig sie im Fragezusammenhang ist. In meinen Büchern »Tarot-Spiele« und »Das Tarot-Handbuch« habe ich ausführlich beschrieben, wie diese Karten gedeutet werden können. Deshalb möchte ich hier nur einen kurzen Überblick geben, der auch verständlich macht, warum bei den Schlüsselworten zu Königen und Königinnen von der ansonsten strikt eingehaltenen Struktur abgewichen werden mußte:

Ich sehe nur in *Königen* und *Königinnen* Personenkarten, die auf Männer und Frauen hinweisen. Die bestmögliche Charakterisierung dieser Personen geschieht mit Hilfe der vier Elemente, die den vier Hauptsymbolen der Kleinen Arkana wie folgt entsprechen:

Stäbe = Feuer

Schwerter = Luft

Münzen = Erde

Kelche = Wasser

Die Schlüsselworte unter den jeweiligen Karten charakterisieren die Personen vor diesem Hintergrund.

Es kommt auch vor, daß eine Person von einer gegengeschlechtlichen Karte beschrieben wird. Dadurch wird eine aktivere oder eine passivere Rolle ausgedrückt. Könige verkörpern dabei mehr das nach außen gerichtete, aktive, durchdringende Prinzip, Königinnen dagegen die abwartende Bereitschaft und die Ansprechbarkeit. So wird der König der Kelche seine Gefühle zeigen und zum Ausdruck bringen, die Königin der Kelche aber eine Person beschreiben, die gefühlsmäßig ansprechbar ist.

Ritter und *Buben* verstehe ich grundsätzlich nicht als Personenkarten. Ritter verkörpern eine Stimmung oder eine Atmosphäre, die dem jeweiligen Symbol entspricht. So zum Beispiel:

Stab   – hitzig, ungeduldig, unternehmungslustig
Schwert   – kühl, frostig, berechnend, konfliktreich
Münze   – vertrauensvoll, gediegen, beständig, handfest
Kelch   – liebevoll, versöhnlich, harmonisch, sanft

Im gleichen Sinne verkörpern Buben Chancen, die unseren Weg kreuzen, die uns von außen geboten werden. Ein Bube zeigt also nicht die Person, die uns eine Chance bietet, sondern beschreibt, welcher Art diese Chance ist. Im Unterschied dazu zeigen Asse Chancen, die in uns oder für uns in unserem Vorhaben liegen.

Wie kann man Kartendeuten erlernen?

Karten sprechen in Bildern, und Bilder sind die Sprache der Seele. Wer die Sprache der Karten lernen will, muß – ähnlich wie der Traumdeuter – die Sprache der Seele sprechen lernen. Die Entwicklung ist dabei ähnlich wie beim Erlernen einer neuen Sprache: Nach Überwindung einer möglichen, anfänglichen Befangenheit ergeben sich erste spontane Erfolgserlebnisse, die aber nur mit der auch hier notwendigen Übung zu wachsender Sicherheit und differenzierter Ausdrucksweise führen.

Durch die in unserer Gesellschaft gesetzten Werte sind wir Abendländer vor allem im begrifflichen Denken und in der kausalen Logik geschult, nicht so sehr aber im bildhaften Denken und dem analogen Schluß. Das heißt, wir können ein Problem sehr wohl in Worte fassen oder es begreifen, wenn es uns durch Worte vermittelt wird. Wir können das Problem auch abstrahieren, indem wir die allgemeine Formel finden, die ihm zugrunde liegt, und wir glauben, damit auch Ursache und Wirkung erklären zu können. All das ist die um Eindeutigkeit bemühte Sprache des Bewußten.

Die Sprache des Unbewußten ist anders. Unsere Seele drückt sich durch Bilder aus, wie jeder von uns aus seinen Träumen weiß. Diese Bilder lassen sich nicht beliebig durch Worte ersetzen: Worte unterliegen einem dauernden Verschleiß. Sie nutzen sich ab und verlieren ihre ursprüngliche Bedeutung. Bilder und vor allem Symbole sprechen den Menschen dagegen seit Jahrtausenden in gleicher Weise an. Deutlich wird das am Beispiel der 14. Trumpfkarte: Sie heißt Mäßigkeit. Obwohl wir damit auch heute eine Kardinaltugend bezeichnen, hat das Wort ganz erheblich von dem Wohlklang verloren, den es sicherlich noch vor hundert Jahren hatte. Für uns gilt »mäßig« kaum noch besser als schlecht, und wenn wir die ursprüngliche Bedeutung ausdrücken wollen, müssen wir das Wort umschreiben als das rechte Maß. Das Bild aber ist immer gleich geblieben. Es zeigt einen Engel, der Flüssigkeiten aus zwei Gefäßen miteinander mischt, um damit die rechte Mischung herzustellen.

Dieses Beispiel zeigt nicht nur, wie falsch es ist, Karten am Rand mit ihrer »Bedeutung« zu beschriften, sondern daß sogar deren Namen irreführend sein können[7].

Wenn nun dieses Buch eben gerade *Schlüsselworte* zur Deutung anbietet, so ist das nicht ein Widerspruch in sich. Grobe Ungereimtheiten, wie sie eine undifferenzierte Stichwortsammlung mit sich bringt, werden dadurch ausgeschlossen, daß die Bedeutung der jeweiligen Karte auf den verschiedenen Fragenebenen angegeben wird. Im übrigen aber will dieses Buch nur das »Vokabelheft für das kleine Einmaleins« sein.

Es ist ja nicht so schwer, die Sprache der Bilder (oder auch unserer Träume) intuitiv zu verstehen und ihre Bedeutung zu erahnen. Was am Anfang schwerfällt, ist, diese Bedeutung dem Bewußtsein so zugänglich zu machen, daß es die Aussage in Worte faßt, die sowohl dem Deuter wie natürlich vor allem dem Frager klarmachen, was die Bilder ausdrücken wollen. Dazu sind die Formeln, die dieses Buch liefert, ein taugliches Werkzeug. Sie sind sozusagen Seilzeug und Schöpfeimer, mit dem das Wasser aus der Tiefe des Brunnens ans Tageslicht gebracht wird. Sie ermöglichen so den Einstieg in die Kartendeutung, sollten aber nie dazu verführen, die Deutung im Formelhaften steckenzulassen.

Im weiteren wird es dann wichtig, die Sprache der Bilder zur Alltagssprache werden zu lassen. Dazu ist es hilfreich, eine *Tages-*, eine *Wochen-* und eine *Monatskarte* zu ziehen. Das geht

---

[7] Ähnliches gilt für die 20. Trumpfkarte, die »Gericht« heißt, jedoch die Auferstehung zeigt. Ihre Bedeutung liegt im Themenkreis der Erlösung und nicht etwa in einem Strafgericht.

folgendermaßen: Ziehen Sie (anfangs nur aus den 22 Trumpfkarten, später auch aus allen 78 Karten) am Morgen eines jeden Tages und zusätzlich am Anfang der Woche bzw. des Monats jeweils eine Karte. Beobachten Sie dann, wo und wie sich jedes dieser Themen für Sie im Fragezeitraum ausdrückt. Dabei werden Sie zum Beispiel erkennen, daß »Tod« bedeuten kann, daß Ihnen die Handtasche gestohlen wird (unfreiwilliger Abschied), oder der Gehängte zeigt, daß Sie den Autoschlüssel verlegt haben (verhinderte Aktivitäten). Auf diese Art wird Ihnen die Alltagssprache der Karten auf den verschiedensten Ebenen stets vertrauter [8].

Der Schlüssel zur tiefsten Bedeutung der Karten liegt jedoch in den Mythen verborgen, die sich die Menschheit seit Jahrtausenden erzählt. Die Beschäftigung mit den alten Weisheitsbüchern, den mündlichen und bildhaften Überlieferungen führt zu der tiefsten Begegnung mit den Bildern der Seele und des Tarots.

Das nächste Kapitel soll Ihnen davon eine Kostprobe geben:

Weltenschöpfung und Nachtmeerfahrt –
Die Reise des Helden durch die 22 Karten der Großen Arkana

1. Die Weltenschöpfung

Die 22 Karten der Großen Arkana erzählen uns die Reise des (Sonnen-)Helden, in der sich auch ein Stück Weltentstehungsgeschichte spiegelt: Sie zeigen, wie aus uranfänglichem Chaos (0 = Narr) die beiden polaren Urprinzipien hervorgehen, das zeugend Männliche (1 = Magier) und das empfangend Weibliche (2 = Hohepriesterin), die sich wieder vereinen müssen (1 + 2 = 3), um die Schöpfung in Gang zu setzen (3 = Herrscherin, die Karte der

---

[8] Einen »Zwischenschritt« zum spielerischen Erlernen der Tarotsprache bietet mein »*Arbeitsbuch zum Tarot*«. Darin beschreibe ich die Bedeutung, die jede der 78 Karten in jedem möglichen Platz innerhalb des Legesystems »*Der Weg*« (siehe Seite 100) haben kann, lasse aber dennoch genügend Raum für die (viel wichtigeren) eigenen Erfahrungen.

Urkräfte der Natur, der Fruchtbarkeit und der steten Geburt des Neuen). So entsteht das geordnete Universum, die Welt mit ihren 4 Weltenden, 4 Winden, 4 Elementen und den 4 Jahreszeiten (ausgedrückt durch die 4. Karte, das Ordnungsprinzip, der Herrscher). Diese Schöpfung findet ihre Krönung im Menschen (durch die Zahl 5 symbolisiert), der ihre Bedeutung erkennt und die hinter dem Offenkundigen verborgenen tiefen Geheimnisse erforscht (Hierophant = 5. Karte, 5 die Zahl der Quintessenz und der geheimen Bedeutung, Hierophant = der oberste Eingeweihte der eulysichen Mysterien)[9].

»Es ist nicht gut, daß der Mensch allein sei«, erzählt uns die Bibel an dieser Stelle der Schöpfungsgeschichte. Die Thebaner berichten von der spektakulärsten Hochzeit aller Zeiten, bei der ihr Stammvater Kadmos die himmlische Harmonia heiratete, Tochter des Kriegsgottes Ares und der Friedensgöttin Aphrodite. Die indischen Veden besingen ihren Schöpfer Brahma, der die Urmutter Maya am heiligen Berg Mandara in 36000 Jahren vollkommener Sammlung beschwor, bis sie sich bereitfand, als Sati wiedergeboren zu werden, um als göttliche Traumtrunkenheit den großen Yogi Shiva seiner selbstgenügsamen Ruhe zu entreißen und ihn vom Asketen zum Gatten zu wandeln.

In allen Fällen geht es um die unauflösbare Vereinigung der Gegensätze, um deren unwiderstehliche Anziehungskraft und gegenseitige Durchdringung, wie es sowohl von dem der Zahl 6 entsprechenden Sechsstern symbolisiert ist, wie auch in den

---

9 Vergleiche dazu die babylonisch-chaldäische Kosmogonie:
Als droben die Himmel nicht genannt waren,
Als unten die Erde keinen Namen hatte (0 = Narr),
Als selbst Apsu, der uranfängliche,
der Erzeuger der Götter (1 = Magier),
und Mummu Tiamat, die sie alle gebar (2 = Hohepriesterin),
Ihre Wasser in eins vermischten (1 + 2 = 3),
(...)
Da wurden die Götter aus dem Schoß von Apsu und Tiamat geboren (3 = Herrscherin)
(...)
Die Tage wurden lang,
die Jahre mehrten sich (4 = Herrscher).
Zitiert aus
Jacobi, Lis, Vom Werden der Welt und des Menschen,
Schaffhausen (Novalis) 1981, Seite 27

Hexagrammen (griechisch hex = sechs und gramma = Schriftzeichen) des chinesischen I Ging, in denen sich die Kräfte Yin und Yang in vielfältigster Weise verbinden.

Es ist offenkundig, daß dieser Themenkreis durch die 6. Karte, die Liebenden, dargestellt wird. Es ist uns aber auch gerade aus der christlichen Überlieferung bekannt, daß an dieser Stelle die Weichen gestellt werden: Eine verbotene Frucht, ein später Unglück bringendes Hochzeitsgeschenk (das Halsband der Harmonia aus der Schmiede des Hephaistos oder der später den trojanischen Krieg auslösende goldene Apfel mit der Aufschrift »Der Schönsten«, ein Geschenk der Eris, der ungeladenen Göttin des Haders). Insofern hieß diese Karte traditionell zu Recht auch »Die Entscheidung«, denn sie spiegelt die archetypische Station des Scheidewegs, an dem sich die Wege trennen und der Mensch die uranfänglich paradiesische Einheit endgültig verläßt. So sehen wir ihn auf der 7. Karte auch hinaus in die Welt gehen. Der Achtstern auf der Krone symbolisiert seine höhere Herkunft, das Quadrat auf seiner Brust aber zeigt, daß er auf Erden wirken muß.

2. Die Reise des Helden

Auf einer anderen Ebene berichten uns die gleichen Karten von der Herkunft, Erziehung und vom Aufbruch des Helden und seiner Suche nach dem verlorenen Paradies. Dabei zeigen uns die ersten 10 Karten die Bewußtseinsentfaltung, die der Sonnenbahn am Tageshimmel entspricht. Die zweite Dekade dagegen birgt die schwierigsten Aufgaben, die den Helden auf seiner »Nachtmeerfahrt[10]« erwarten. Dieses Motiv entspricht dem allabendlichen Hinabtauchen der Sonne am westlichen Abendhimmel, der Durchquerung der Todeswasser des Nachtmeeres, dem Kampf mit den Mächten der Finsternis und – bei günstigem Verlauf – dem siegreichen Auferstehen in neuer Frische am östlichen Morgenhimmel. Die Nachtmeerfahrt selbst findet in den Tarotkarten von der 12. bis zur 19. Karte statt.

Der Held ist der Narr. Im Gegensatz zu keulenschwingenden Muskelprotzen einer späteren, patriarchalen Mythenschreibung erzählt uns Tarot die Geschichte aus älteren Zeiten, in der der Held nach heutigem Verständnis eher ein Antiheld war, ein Depp. In den mündlichen Überlieferungen, in unseren Sagen und Märchen hat er sich noch so erhalten. Dort ist die Geschichte immer gleich. In tausendundeiner Variation erzählt sie uns: »Es war einmal ein König, der hatte drei Söhne. Und als der König sterbenskrank wurde, bat er seine Söhne, ihm das Kraut des Lebens zu holen. Daraufhin satteln die beiden ältesten sofort ihre Pferde. Der eine reitet nach Westen, der andere nach Osten, und da sie

---

[10] Siehe dazu insbesondere Gilgamesch und Herakles, aber auch alle anderen Helden und Heldinnen, die in die Unterwelt abgestiegen sind: Orpheus, Odysseus, Aeneas, Inanna und Psyche.

groß, stark und klug sind, rechnet der Vater mit ihrer Hilfe. Sie reiten durch die ganze Welt, und als sie ein Jahr später zurückkommen, haben sie alle Kräuter dieser Welt gesammelt, aber das Kraut des Lebens ist nicht dabei.« Diese Geschichte kennen wir, und wir wissen auch, wie sie weitergeht und wer das Kraut holt. Es ist immer derselbe: Der Jüngste, der Depp, der Narr, von dem jeder sagt, daß er gar nicht erst losreiten brauche, weil er sowieso gleich vom Pferd fiele und ohnehin schon immer viel zu blöd gewesen sei, irgend etwas auch nur halbwegs Gescheites fertigzubringen. Aber gerade er holt das Kraut. Und zwar immer nur er, und das in allen Märchen der Welt. Die Lösung unserer schwierigsten Aufgaben liegt eben immer da, und nur da, wo wir sie am allerwenigsten vermuten.

Ein typisches Kennzeichen des Helden ist seine doppelte Elternschaft. Er hat entweder einen himmlischen Vater oder eine himmlische Mutter über seinen irdischen Eltern. Die Märchen sprechen an dieser Stelle von den Stiefeltern, bei denen der Held aufgewachsen ist. Dieses doppelte Elternpaar finden wir in den ersten vier Karten der Großen Arkana. Der Magier (I) und die Hohepriesterin (II) symbolisieren als himmlische Eltern die Urprinzipien männlich und weiblich, Yang und Yin, das Schöpferische und das Empfangende, das Tun und das Geschehenlassen. Die Herrscherin (III) und der Herrscher (IV) bilden das irdische Elternpaar, das die Ausformung der Urpolarität auf Erden darstellt (Natur und Zivilisation, Dorf und Stadt, Sitte und Recht).

Der Hohepriester (V) steht für die Erziehung des Helden. Mit dem Zeichen seiner rechten Hand lehrt er, daß es neben dem Offenbaren (die ausgestreckten Finger) das Verborgene gibt (die gekrümmten Finger). Durch die beiden Novizen im Vordergrund ist dies die erste Karte der Großen Arkana, auf der Figuren menschlicher Größe erscheinen. Sie steht damit auch für die Bewußtwerdung des Kindes, das sich erstmals von den übergroßen Erwachsenen als unterschiedlich erfährt.

Auf der Karte der Liebenden finden wir – allerdings nur in dem klassischen Motiv des Marseiller Tarots – die für die Heldenreise elementar wichtige Entscheidung, das Elternhaus (die Mutter) zu verlassen und (mit seiner Geliebten) eigene Wege zu gehen. Durch den Pfeil vom Bogen des Cupidos wird dieser Entschluß zu

Der MAGIER

Die HOHEPRIESTERIN

Die HERRSCHERIN

Der HERRSCHER

Der HIEROPHANT

einer Herzensentscheidung. So liegt die richtige Deutung der Karte auch in der »Entscheidung aus vollem Herzen und freien Stücken«.

Die LIEBENDEN

DER LIEBENDE
EL ENAMORADO

Der WAGEN

Die nächste Karte (VII) zeigt schon den Aufbruch des Helden, den eigentlichen Beginn der Reise, der Quest, der Suche nach dem Heiligen Gral, der Suche nach dem verlorenen Paradies. Seine erste Erfahrung ist, daß er nun für alles selbst verantwortlich ist, daß er nur ernten kann, was er gesät hat, daß seine Umwelt sein Spiegel ist. All das ist Ausdruck der Gerechtigkeit, die in der traditionellen Zählfolge am 8. Platz steht. Bei der folgenden Begegnung mit dem alten weisen Mann (IX) erfährt der Held seinen wahren Namen, und er bekommt die Zauberformel oder die magischen Werkzeuge, die er brauchen wird, um sein großes Werk zu vollbringen. Eine lange Reise durch viele Gefahren steht ihm noch bevor. Dabei darf er um keinen Preis die Zauberformel verraten und schon gar nicht seinen Namen vergessen. Als nächsten Schritt sucht er das Orakel (X) auf und fragt: »Was ist meine Aufgabe?« Die Antwort ist immer gleich: Er muß das schwer erreichbare Gut aus dem Reich der Finsternis befreien.

GERECHTIGKEIT

DIE GERECHTIGKEIT
LA JUSTICIA

Der EREMIT

RAD des SCHICKSALS

Damit sind wir am Ende der ersten Dekade der Großen Arkana, die mit der männlichen Karte des Magiers begann, und betreten nun die zweite Dekade, die – in der traditionellen Zählfolge – von der weiblichen Karte Kraft (XI) eingeleitet wird. Sie ist Hinweis darauf, daß sich der Held nun auf die Yin-Seite seiner Reise begibt, auf die dunkle, mysteriöse Seite, auf der im verborgenen große Gefahren auf ihn warten, auf deren Grund aber auch der versunkene Schatz zu finden ist.

KRAFT

DIE KRAFT
LA FUERZA

Der GEHÄNGTE

Der Gehängte auf der 12. Karte steht für die schwache, kranke, untergehende Sonne, die sich nun den Wassern des Todes nähert[11]. Sie zeigt, daß es entweder völlige Hingabe und eine bedingungslose Bereitschaft zur Lebensumkehr ist, die uns zur Reise in die Tiefe führen, oder aber eine »Falle«, in die wir treten, ein Schicksalsschlag, der uns zur Ruhe und zur Umkehr zwingt.

Die Karten 13 bis 18 haben schwarze (13, 15 und 16), nächtliche (17 und 18) oder jenseitige (14) Motive und werden deshalb auch Nachtkarten genannt. Auf der Karte Tod ist hinter den Türmen des himmlischen Jerusalems die untergehende Sonne zu sehen. Der Reiter trägt die gleiche rote Feder wie der Narr, der ja der Held unserer Geschichte ist. Dem schwachen Zustand des Gehängten auf der vorhergehenden Karte entsprechend, hängt diese Feder hier schlaff herab. Erst am Ende der Nachtmeerfahrt, auf der Karte der unbesiegbaren Sonne (XIX), sehen wir sie wieder voll frischer Kraft aufrechtstehen. Die Menschen auf der Karte Tod bewegen sich nach links, nach Westen, zum Land des Todes hin. Der Reiter, der Wind (das Banner) und das auf dem Fluß fahrende Totenboot lassen jedoch erkennen, daß die eigentliche

---

11 Genaugenommen ist hier wohl weniger das allabendliche Phänomen des Sonnenuntergangs gespiegelt, sondern die schwache Wintersonne am kürzesten Tag des Jahres, die nun das Gegenteil ihrer grandiosen sommerlichen Leuchtkraft ist. Damit ist aber nur ein anderer Zeitraum gewählt. Die Symbolik bleibt im wesentlichen gleich.

Fahrt des Herakles im Sonnenbecher, Rotfig. Vasenbild

Bewegungsrichtung nach rechts, nach Osten, zum Sonnenaufgang geht.

Die folgende 14. Karte »Mäßigkeit« ist eine der am wenigsten verstandenen Karten der Großen Arkana, und mancher wird sich wundern, wieso sie zu den Nachtkarten zählt. Sie hat hier zwei wesentliche Bedeutungen: Zum einen zeigt sie den »Psychopompus«, den unverzichtbaren Seelenführer[12], der dem Toten seinen schwierigen, gefahrvollen Weg durch die Nacht weist. Dementsprechend zeigt die Karte den Weg zum Licht, zur Sonne, in der bei genauer Betrachtung eine Krone verborgen ist. Zum anderen aber wußten die Alten, daß neben den Wassern des Todes auch die Wasser des Lebens fließen, oder daß die Wasser des Lebens einer Quelle der Unterwelt entspringen. So kann diese Karte, die schon immer mit Heilung in Verbindung gebracht wurde, auch als Hinweis auf diese Lebenswasser verstanden werden.

---

12 Hermes bei den Griechen, Thot oder Anubis in Ägypten.

MÄSSIGKEIT

Die 15. Karte zeigt den Teufel, den Fürsten der Unterwelt, und die in seiner Macht befindlichen Gefangenen. Hier sind wir am Ort der verkauften Seelen. Hier muß der Held seine Schuld einlösen, das schwer erreichbare Gut befreien. In alten Überlieferungen wird die dunkle Macht als Schlange, Schlangenkönig oder Nachtschlange geschildert, die von den Mächten des Lichts besiegt werden muß. Dieser (mitternächtliche) Kampf findet auf der 16. Karte »Turm« statt. Der Blitz (Zeichen höchster Götter wie Zeus oder Donar) zersprengt das Gefängnis (des falschen Bewußtseins) und befreit die im Turm eingekerkerten Seelen.

Der TEUFEL

Der TURM

Vom letzten Vollmond aus gerechnet ist es die 17. Nacht, in der nach 3 mondlosen Nächten (= 3 Tage in der Unterwelt) am westlichen Horizont erstmals wieder das Neulicht, die erste Sichel des neuen Mondes, zu sehen ist. Die 17. Karte »Stern« steht damit gleichbedeutend für das Schöpfen neuer Hoffnungen und zeigt, daß der Held die Wasser des Lebens erreicht hat, auf die die 14. Karte bereits hinwies. Aber noch sind nicht alle Gefahren überstanden. Die Nacht gibt den Helden noch nicht preis, sondern versucht ihn zu »umnachten«. Die Überlieferungen wissen von strengen Gesetzen der Unterwelt: Wer sich umdreht, ist verloren (Euridike und Frau Lot), wer jemals dort gegessen hat, und sei es auch nur den Kern eines Granatapfels, darf nicht wieder an das Licht der Oberwelt (Persephone) zurück. Gleiches gilt für die, die es sich dort unten bequem machen und hinsetzen. Sie sitzen auf Schemeln des Vergessens und können nie wieder aufstehen (Theseus und Peirithoos). Ähnliches erzählen Märchen, wenn sich der Held im Zauberwald verirrt, wo alle Feen ihn umgarnen, um ihn seinen Namen vergessen zu lassen. In all diesen Fällen ist die Mission gescheitert, weil der Held zwar die äußeren Mächte der Finsternis besiegte, dann aber von deren in ihm wohnenden Verbündeten überrumpelt wurde. So zeigt die 18. Karte den öden und gefährlichen Asphodeliengrund aber auch, daß dies der Weg zum himmlischen Jerusalem ist, dessen Türme schon auf der 13. Karte am Horizont zu sehen waren, und die nun greifbar nahe gerückt sind.

Der STERN

Der MOND

Die Sonnenkarte (XIX) steht für das neugeborene Licht und zeigt damit den siegreichen Verlauf der Heldenreise. Der Osten (Sonne) spiegelt den Westen (Tod) in interessanter Weise: Die dunklen Farben gegenüber den hellen, das schwarze Banner des Todes gegenüber dem Tuch in der roten Farbe des Lebens, das Skelett und das Kind mit der schlaffen und der aufrechten Feder und der Schimmel in seiner Doppelsymbolik als fahles Pferd, das den Tod als den vierten apokalyptischen Reiter trägt, und als Königspferd, das den aus dunkler Nacht geborenen kindlichen Erlöser trägt, den Sohn, den Auferstandenen, auf den die Menschheit seit ehedem all ihre Hoffnungen setzt.

Natürlich ist dies nur eine von vielen Möglichkeiten, diese Nachtmeerfahrt zu beschreiben. In den älteren Motiven des Marseiller Tarots ist dieser Zusammenhang zwischen der Todes- und der Sonnenkarte nicht zu sehen. Statt dessen finden wir dort auf der 19. Karte ein Zwillingspaar, womit der Aspekt der Versöhnung verdeutlicht wird, der uns ebenfalls aus den Mythen bekannt ist und durch diese Nachtkarten ebenso ausgedrückt wird. Dabei geht es um den Kampf des Sonnenhelden mit seinem dunklen Bruder (Gilgamesch – Enkidu, Parzival – Feirefis) und somit um die Auseinandersetzung, Erlösung und letztlich um die Versöhnung mit der eigenen dunklen Seite.

Daß hier an der 19. Station und damit kurz vor Ende der Reise das Motiv des Kindes auftaucht, ist ein wichtiger Hinweis auf die

Nachtmeerfahrt[13] des Sonnengottes Re-Harach, der auf dem Kopf die Sonnenscheibe trägt, während Seth die Nachtmeerschlange Apophis tötet.

Schlichtheit, zu der der Held nach allen Kämpfen seines Lebens zurückfindet. Eben das drückt die Bibel aus, wenn sie sagt: »Wenn ihr nicht werdet (wohlgemerkt: nicht ›bleibt‹) wie die Kinder, werdet ihr nicht in das Himmelreich kommen.«

Die vorletzte Karte (XX) zeigt uns die eigentliche Lösung und Erlösung, die nun, nachdem die Voraussetzungen geschaffen sind, keine Schwierigkeiten mehr bereitet. Die drei Personen, die aus den viereckigen Gräbern auferstehen, bedeuten, daß hier das Göttliche (der Zahl 3 entsprechend) aus dem irdischen Gefängnis

---

13 Aus dem Totenbuch der Cherit-Webeshet. 21. Dynastie.

(der 4 entsprechend) befreit wird. So wie aus dem Frosch der Prinz oder aus der häßlichen Dame Ragnell die bezaubernd schöne Prinzessin hervorgeht, entsteigt hier das göttliche Selbst seinem irdischen Gefängnis. Und natürlich steht die letzte Karte (XXI) für das wiedergefundene Paradies, für die Königskrönung des Helden und für das Happy-End, von dem es am Ende aller Märchen so schön heißt: Und wenn sie nicht gestorben sind, dann leben sie noch heute ...

Die Nachtmeerfahrt des Helden.

Von der Fragestellung zur Deutung

Schnelleinstieg für Ungeduldige

Wenn Sie zu ungeduldig sind, lange »Gebrauchsanweisungen« zu lesen und statt dessen lieber anfangen und einfach probieren wollen, gehen Sie wie folgt vor:
1. Stellen Sie eine Frage nach einer Angelegenheit, die Sie interessiert. Wenn es sich dabei um eine Entscheidungsfrage handelt, sollten Sie die Frage nicht so formulieren, daß sie nur mit »ja« oder »nein« zu beantworten ist. Fragen Sie statt dessen, was passiert, wenn Sie etwas tun, und was passiert, wenn Sie es nicht tun.
2. Suchen Sie sich aus der Übersicht auf Seite 46 das geeignete Legesystem aus. Wenn Ihnen das zu kompliziert erscheint, nehmen Sie einfach eines der drei nachstehenden Legesysteme:

1. Das Beziehungsspiel (Seite 60) bei Fragen
nach einer Beziehung
2. Das Entscheidungsspiel (Seite 65) bei allen
Entscheidungsfragen
3. Das keltische Kreuz (Seite 75) bei allen übrigen Fragen

3. Mischen Sie alle 78 Tarotkarten und breiten Sie diese verdeckt und fächerartig vor sich aus.
4. Schauen Sie in der Beschreibung nach, wie viele Karten zu der von Ihnen gewählten Legemethode gebraucht werden.
5. Ziehen Sie diese Karten gelassen mit der linken Hand aus dem vor Ihnen liegenden Kartenfächer. Sie sollten sich dabei nicht konzentrieren; nur Gelassenheit ist wichtig.
6. Legen Sie diese Karten verdeckt übereinander, bis Sie alle benötigten Karten gezogen haben.
7. Legen Sie jetzt eine Karte nach der anderen in der gezogenen Reihenfolge (d. h. die unterste zuerst) offen aus, und zwar gemäß der in der Beschreibung angegebenen Zahlenfolge.
8. Deuten Sie, indem Sie das Bedeutungsstichwort jeder Karte auf der Ebene Ihrer Frage diesem Buch entnehmen und es mit dem entsprechenden Stichwort für den Platz der Karte sinnvoll verbinden.
9. Verbinden Sie die gefundenen Einzelaussagen zu einer abschließenden Gesamtaussage.

Wie muß die Frage gestellt werden?

Formal:
Sie können die Frage laut oder leise stellen, sie mehrfach wiederholen oder auch aufschreiben. Machen Sie das ganz nach Belieben. Keine Methode ist dabei besser als die andere. Wichtig ist nur, daß Sie genau wissen, was Sie gefragt haben, und daß Sie sich nach der Fragestellung nicht länger auf die Frage konzentrieren, sondern in aller Ruhe und Gelassenheit die Karten ziehen, aufdecken und deuten.

Inhaltlich:
Stellen Sie die Frage so, wie sie Ihnen in den Sinn kommt. Es kommt nicht auf eine gelungene Formulierung an, sondern nur darauf, daß Ihnen klar ist, *was* Sie wissen wollen. Es reicht auch, wenn Sie einfach fragen: Mich interessiert, wie dies oder jenes weitergeht.

Einige Legesysteme können auch gelegt werden, *ohne daß eigens eine Frage gestellt wird*. Dazu eignen sich vor allem der astrologische Kreis, die Tür und natürlich alle Spiele zur Selbsterfahrung.

Stellen Sie keine Fragen, die sich nur mit »ja« oder »nein« beantworten lassen. Die Karten können Ihnen in Entscheidungssituationen sehr wohl helfen, Ihnen aber keine Entscheidung abnehmen. Fragen Sie statt dessen: »Was passiert, wenn ich es tue, und was passiert, wenn ich es nicht tue?«. Das Entscheidungsspiel wird Ihnen dann die jeweiligen Konsequenzen zeigen, so daß Sie leichter Ihre Entscheidung treffen können.

Verbinden Sie nicht mehrere Themenkreise oder Alternativen miteinander. Befragen Sie die Karten lieber einzeln zu den verschiedenen Bereichen. Die Frage sollte also nicht lauten: »Soll ich nach New York ziehen oder nach Paris?« sondern: »Soll ich nach New York ziehen oder nicht?«[14], und dann anschließend: »Soll

---

14 Dem zuvor Gesagten und dem Antwortschema des Entscheidungsspiels entsprechend müßte die Fragestellung eigentlich lauten: »Was passiert, wenn ich nach New York gehe, und was passiert, wenn ich es nicht tue?« Man kann es aber bei der einfacheren obigen Formulierung belassen, wenn man die Antwort entsprechend der hier genannten Alternative versteht.

ich nach Paris ziehen oder nicht?« Denn wenn in beiden Fällen die Aussichten trübe sind, die Karten jedoch eine günstige Alternative zeigen, mag diese vielleicht in Lissabon liegen. Bei der ursprünglichen Fragestellung wären Sie darauf aber gar nicht aufmerksam geworden, sondern hätten nur festgestellt, daß Ihr Vorhaben so oder so problematisch ist. Ebensowenig sollten Sie verschiedene Themenkreise in einer Frage verbinden, wie etwa: »Wie wird meine Urlaubsreise verlaufen, und werde ich mich dabei verlieben?« Fragen Sie statt dessen mit dem Legesystem »Das keltische Kreuz«, wie der Urlaub wird, und mit »Der Weg«, was Sie tun können, damit Sie sich wieder verlieben.

Übersicht über 21 Legesysteme nach Fragerichtung und Schwierigkeitsgrad

Legesystem	Geeignet für Fragen nach	Schwierigkeitsgrad[15]
Ankh	Ursachen, Hintergründen und Tendenzen	4
Der astrologische Kreis	umfassender Beschreibung der Gegenwart und Ausblick auf weitere Tendenzen	4–5
Das Beziehungsspiel	Stand der Beziehung zwischen zwei Menschen	2
Der blinde Fleck	Selbsterfahrung	3
Das Entscheidungsspiel	Konsequenzen aus einer Entscheidung	2–3
Das Geheimnis der Hohenpriesterin	Verlauf einer Angelegenheit und der dahinterliegenden Bedeutung	3
Inannas Abstieg in die Unterwelt	Selbsterfahrung	5
Das keltische Kreuz	Verlauf einer Angelegenheit. Eignet sich für alle Fragen	2
Das Kreuz	Trend oder Vorschlag	1
Das Krisenspiel	Ausweg aus einer Krise	2
Die Lemniskate (∞)	Stand einer Beziehung oder auch eines inneren Konfliktes oder Widerspruchs	3–4
Leonardo oder Ideal und Wirklichkeit	Aussichten und Tendenzen einer Angelegenheit oder Fragen der Selbsterfahrung	4
Das Narrenspiel	Standortbestimmung	4
Das Partnerspiel	Stand einer Beziehung	1
Das Planetenspiel	Beschreibung einer Person oder Selbsterfahrung	4–5
Das Planspiel	Möglichkeiten, ein Ziel zu erreichen	2
Der Stern	Beschreibung einer Situation und Ausblick	3
Die Stufenleiter	Erfordernisse und Aussichten eines Vorhabens	3
Die Tür	Die nächste »Tür«, vor der wir stehen	4
Der Weg	Vorschlag, was zu tun ist	3
Der Zauberspruch der Zigeuner	Beschreibung einer Situation und Ausblick	2

15 1 = ganz leicht, 2 = leicht, 3 = mittel, 4 = schwer, 5 = sehr schwer

Der Weg von der Frage zum richtigen Legesystem [16]

Prüfen Sie, in welche der nachstehenden Kategorien Ihre Frage gehört, und lesen Sie dann in dem entsprechend gekennzeichneten Abschnitt (A, B, C, D oder E) weiter:

Fragen nach Tendenzen, Aussichten oder Ursachen in einer Angelegenheit

→ weiter in Abschnitt A

Entscheidungsfragen oder Fragen nach der richtigen Vorgehensweise

→ *weiter in Abschnitt B*

Partnerschaftsfragen sowie Fragen nach Beziehungen allgemeiner, beruflicher oder familiärer Art

→ weiter in Abschnitt C

Fragen nach allgemeinen Aussichten

→ weiter in Abschnitt D

Fragen zur Bestimmung des eigenen Standorts und der Selbsterfahrung

→ weiter in Abschnitt E

A Fragen nach Tendenzen, Aussichten oder Ursachen in einer Angelegenheit

Einen Trend, verbunden mit einem Vorschlag, zeigt
Das Kreuz (1°)
Das Krisenspiel (2°)
Das Planspiel (2°)

---

16 Die hinter den Legesystemen in Klammern stehenden Gradangaben (°) zeigen den Schwierigkeitsgrad von 1 = ganz leicht bis 5 = ganz schwer.

Aussichten und Umfeld einer Angelegenheit zeigt
Das keltische Kreuz (2°)
Leonardo oder Ideal und Wirklichkeit (4°)
Der Stern (3°)
Die Tür (4°)

Ursachen, Hintergründe und Aussichten einer Angelegenheit zeigt
Das Geheimnis der Hohenpriesterin (3°)
Ankh (4°)

Den innerhalb einer Entwicklung erreichten Standort zeigt
Das Narrenspiel (4°)

B   Entscheidungsfragen oder Fragen nach der richtigen Vorgehensweise

Bei einfachen Entscheidungen
Das Kreuz (1°)

Bei umfangreichen oder weitreichenden Entscheidungen
Das Entscheidungsspiel (2–3°)

Vorschlag zur richtigen Verhaltensweise
Das Kreuz (1°)
Das Planspiel (2°)
Die Stufenleiter (3°)
Der Weg (3°)

C   Partnerschaftsfragen sowie Fragen nach Beziehungen allgemeiner, beruflicher oder familiärer Art

Frage nach dem Stand einer Beziehung, wenn nur einer der Beteiligten anwesend ist
Das Beziehungsspiel (2°)
Die Lemniskate ∞ (3–4°)

Frage nach dem Stand einer Beziehung, wenn beide Beteiligten anwesend sind
Das Partnerspiel (1°)

Aussichten einer bestehenden Beziehung oder Aussichten, zu einer Partnerschaft zu kommen
Das keltische Kreuz (2°)
Leonardo oder Ideal und Wirklichkeit (4°)
Das Planspiel (2°)

Vorschläge zur richtigen Verhaltensweise
a) im Umgang mit einem anderen Menschen oder
b) um zu einer neuen Partnerschaft zu finden
Das Planspiel (2°)
Die Stufenleiter (3°)
Der Weg (3°)

Beschreibung einer anderen Person
Das Planetenspiel (4–5°)

D Fragen nach allgemeinen Aussichten ohne spezielle Fragestellung

Aussichten in den verschiedenen Lebensbereichen für einen vom Frager zu bestimmenden Fragezeitraum
Der astrologische Kreis (4–5°)

Allgemeiner Ausblick
Das Geheimnis der Hohenpriesterin (3°)
Das keltische Kreuz (2°)
Der Zauberspruch der Zigeuner (2°)

Beschreibung der nächsten wichtigen Erfahrung
Die Tür (4°)

E Fragen zur Bestimmung des eigenen Standorts und der Selbsterfahrung

Der blinde Fleck (3°)
Inannas Abstieg in die Unterwelt (5°)
Die Lemniskate (3–4°)
Leonardo oder Ideal und Wirklichkeit (4°)
Das Narrenspiel (4°)
Das Planetenspiel (4–5°)

Mischen, Ziehen und Auslegen der Karten

Wenn Sie sich für ein Legesystem entschieden haben (siehe dazu das vorhergehende Kapitel), dann mischen Sie die Karten. Nur wenn Sie auch »umgekehrte Karten« deuten wollen, müssen Sie großflächig mit beiden Händen auf dem Tisch oder dem Boden mischen. In allen anderen Fällen sind Art und Gründlichkeit des Mischens weniger bedeutsam.

Bilden Sie danach aus den verdeckten Karten einen großen Fächer. Prüfen Sie zunächst anhand der Beschreibung des Legesystems, wie viele Karten Sie brauchen. Ziehen Sie diese dann mit der linken Hand aus dem Kartenfächer und legen Sie eine nach der anderen verdeckt aufeinander.

Wenn Sie so alle notwendigen Karten gezogen haben, legen Sie die übrigen beiseite. Nehmen Sie danach Ihre Karten und decken Sie diese in der gezogenen Reihenfolge (d. h. die unterste zuerst) auf, und legen Sie diese in der Reihenfolge und dem Muster entsprechend aus, wie es die jeweilige Abbildung zeigt.

Die Deutung

Einzelbetrachtung

Bei der Deutung müssen Sie zunächst die spezielle Bedeutung der Karte mit der Bedeutung des Feldes verbinden, auf dem die Karte liegt. Die Bedeutung des Feldes finden Sie in der Beschreibung des

Legesystems. Die Bedeutung der Karte ist je nach Fragerichtung unterschiedlich. Im Kapitel 4 finden Sie Schlüsselworte für die verschiedenen Bedeutungen jeder Karte auf den wichtigsten Ebenen (Seite 105). Lesen Sie in jedem Fall die allgemeinen Stichwörter, um das Thema der Karte zu verstehen. Berücksichtigen Sie dabei eventuell auch die Schattenseite. Nehmen Sie dann ein spezielles Schlüsselwort aus Ihrer Frageebene und verbinden Sie dies zu einer sinnvollen Aussage mit der Bedeutung des Feldes, auf dem die Karte liegt.

Es ist durchaus üblich, daß es an dieser Stelle zu noch holprigen, dünnen oder wenig verständlichen Aussagen kommt. Lassen Sie sich dadurch nicht beirren und bleiben Sie dort nicht kleben. Gehen Sie einfach zur nächsten Karte über. Bei der abschließenden Zusammenschau werden Sie diese Karten in der Regel dann besser verstehen.

Umgekehrte Karten

Manche Deuter messen den Karten eine andere Bedeutung bei, wenn sie kopfstehend auftauchen. Die entsprechende Bedeutung finden Sie im Deutungsteil unter der jeweiligen Rubrik »Umgekehrt«. Ich selbst mache diese Unterscheidung normalerweise nicht und drehe kopfgestellte Karten einfach richtig herum. Machen Sie damit Ihre eigenen Erfahrungen, aber entscheiden Sie sich immer *vor* Beginn, d. h. noch *bevor* Sie die Karten ziehen oder ziehen lassen, ob Sie die Karten richtig herum drehen wollen oder auch ihre kopfgestellte Bedeutung berücksichtigen. In diesem letzteren Fall sollten Sie die Karten unbedingt großflächig auf dem Tisch oder dem Boden mischen, damit sie sich entsprechend drehen können.

Zusammenschau

Am Ende jeder Deutung steht die Zusammenschau. Verbinden Sie dazu die bisher gemachten Einzelaussagen zu einer einheitlichen Aussage. Das heißt nicht, daß sie keine Widersprüche beinhalten darf. Unser Leben – und damit auch die Karten – ist häufig genug widerspruchsvoll. Ihre Deutung sollte nur kein Stückwerk bleiben, sondern zu einer abschließenden Gesamtaussage finden. Lassen Sie die einzelnen Stationen in sich zu einer ganzen Geschichte heranreifen.

Bei manchen Legesystemen ist es hilfreich, die Karten in einer bestimmten Reihenfolge zu deuten oder auf besondere Zusammenhänge zu achten. In diesen Fällen finden Sie in der Beschreibung des Legesystems entsprechende Vorschläge zur Vorgehensweise bei der Deutung.

Quintessenz

Wenn Sie zum Schluß noch eine Aussage wünschen, wie der Frager sich angesichts der Thematik verhalten soll, dann ermitteln Sie die Quintessenz. Addieren Sie dazu alle Zahlen der aufgedeckten Karten unter Berücksichtigung folgender Ausnahmen: Alle Hofkarten (das sind König, Königin, Ritter und Bube) zählen 0, alle Asse zählen 1, die Trumpfkarte »Gerechtigkeit« zählt 8 (statt 11), und die Karte »Kraft« zählt 11 (statt 8).

Wenn das Ergebnis eine mehrstellige Zahl größer als 22 ist, bilden Sie daraus so lange die Quersumme[17], bis Sie eine Zahl zwischen 1 und 22 erhalten. Die dieser Zahl entsprechende Trumpfkarte aus den Großen Arkana zeigt Ihnen die richtige Vorgehensweise. Handelt es sich dabei um eine zweistellige Quintessenz, können Sie durch erneute Bildung der Quersumme zu der dahinterliegenden entscheidenden Thematik gelangen. Beim Beispiel in der Fußnote ist 14 = Gelassenheit (entsprechend der 14. Trumpfkarte »Mäßigkeit«) der erste wichtige Schritt, der dann zu 5 = Vertrauen in den tiefen Sinn führen muß (entsprechend der 5. Trumpfkarte »Hierophant«). Haben Sie von Anfang an nur eine einstellige Summe oder kommen Sie bereits durch Bildung der ersten Quersumme zu einer einstelligen Zahl, dann liegt die Aussage der Quintessenz nur in dieser einen Karte.

---

17 Die Quersumme ergibt sich aus dem Zusammenzählen der Ziffern einer Zahl. Die Quersumme aus 365 ist zum Beispiel 3+6+5=14, die erneute Quersumme ist dann 1+4=5.

Die Legesysteme
(alphabetisch geordnet)

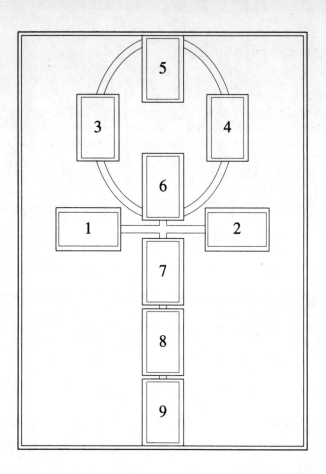

1. Legesystem: Das Ankh

              Aussage: Ursachen, Hintergründe und Aussichten
   Schwierigkeitsgrad: 4
   Zu ziehende Karten: 9
       Typische Frage: Was ist der Grund für meine Krise (Krankheit, Probleme usw.), und welche Aussichten habe ich?

Dieses Legesystem basiert auf dem alten Symbol des ägyptischen Henkelkreuzes, dem Lebenszeichen »Ankh«. Es besteht aus einem Kreis und einem Kreuz. Der Bedeutung des Kreises entsprechend geben die dort ausgelegten Karten eine Antwort auf den spirituellen Hintergrund und die tieferliegenden Ursachen, während die Karten auf der Kreuzebene zeigen, wie sich das Problem konkret ausdrückt, und mit welchen Aussichten zu rechnen ist.

Insgesamt neun Karten werden gezogen. Sie haben die folgende Bedeutung:

- 1+2 = zwei gegenwärtige Impulse, Energien oder Haltungen, die sich blockieren [18]
- 3 = frühe Ursachen
- 4 = auslösende Ursache
- 5 = höhere Erkenntnis
- 6 = notwendige Konsequenz

Unter der Voraussetzung, daß die Erkenntnis (5) gemacht und die Konsequenz (6) gezogen wurde, geht es wie folgt weiter:
- 7 = Der nächste Schritt
- 8 = Überraschende Erfahrung
- 9 = Das Ergebnis

---

[18] Das gilt natürlich nur, wenn diese Legemethode – wie es die Regel ist – zur Frage nach der Ursache einer Krise angewandt wird. Sollten Sie nach dem Hintergrund einer erfreulichen Erfahrung fragen, zeigen diese beiden Karten, was sich harmonisch ergänzt.

2. Legesystem: Der astrologische Kreis

Aussage: Gegenwartsbeschreibung und Ausblick
Schwierigkeitsgrad: 4–5
Zu ziehende Karten: 12
Typische Fragen: Wo stehe ich? Was sind die wesentlichen Erfahrungen und Ereignisse für mich im nächsten Monat?/im Jahr X?/usw. (Ohne solche zeitliche Eingrenzung spiegeln die Karten die Gegenwart und unmittelbare Zukunft.)

Der astrologische Kreis eignet sich wie kaum ein anderes Legesystem zur umfassenden Beschreibung einer Situation. Dabei geben die Karten Einblick in 12 Lebensbereiche. Insofern ist dieses Legesystem ein guter Start zu einer umfassenden Kartenbefragung. Die Bereiche, die durch dieses Spiel hervorgehoben werden, können dann anschließend mit entsprechenden anderen Legesystemen tiefer erkundet werden.

Die Karten werden gemäß den 12 Feldern des Horoskops im Kreis ausgelegt. Die Bedeutung der einzelnen Plätze ist wie folgt:[19]

1 = **Grundstimmung:** Bedeutend für die Art, wie die Erlebnisse aller übrigen Felder empfunden werden.

2 = **Finanzen:** Sicherheit. Umgang mit Geld. Einnahmen und Ausgaben.

3 = **Alltagserfahrung:** Themen, die den zeitlich größten Bereich unseres Lebens betreffen.

4 = **Das Zuhause:** Der Bereich, in dem wir uns geborgen fühlen, in dem wir uns verwurzelt wissen. Der Schoß, in den wir uns sehnen, wenn die äußere Welt zu bedrohlich wird.

---

[19] Die tiefe Bedeutung, die diese Häuser in der Astrologie haben, muß hier zugunsten einer greifbaren Aussage geschmälert werden. Dabei handelt es sich um Vorschläge. Sie können die Bedeutung der Häuser jederzeit in Ihrem Sinne umdefinieren, sollten dies aber tun, bevor die erste Karte gezogen wird.

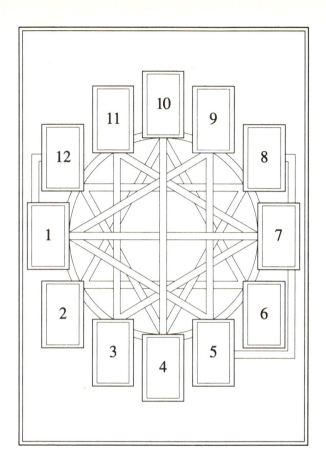

5 = **Alles, was Spaß macht:** Spiele und Vergnügungen jeder Art: Spielen mit Kindern, Spiele mit Geld. Das Spiel der Liebe (ernst wird es erst in Feld 7), Hobbys.
6 = **Die Arbeit:** Die gegenwärtige Aufgabe, die Art der Arbeit, die Arbeitsmethodik, der Arbeitsalltag, der Arbeitsinhalt.
7 = **Die Partnerschaft:** Die Beziehung, die Ehe, die dauerhafte Liebesverbindung.

8 = **Das Hintergründige:** Alle Tabus und ihre Überschreitungen. Insbesondere Sexualität, aber auch tiefe, okkulte Erfahrungen [20].

9 = **Höhere Erkenntnisse:** Erweiterung der Horizonte durch innere und äußere Reisen. Überzeugungen, Erkenntnisse und Glaubensgewißheiten und die sich daraus ergebenden Grundsätze und »guten Vorsätze«.

10 = **Öffentliche Anerkennung:** Insbesondere der berufliche Erfolg und damit verbunden die berufliche Zukunft.

11 = **Die Freunde:** Freundschaften, Freundschaftsideale, Gruppenerlebnisse und die Gastfreundschaft.

12 = **Die geheimen Hoffnungen und Ängste:** Sehnsüchte und Befürchtungen, die sich jeweils auf ein oder mehrere andere Felder des Kreises beziehen.

Vorgehensweise bei der Deutung

Um zur Gesamtaussage zu gelangen, deuten Sie zunächst die einzelnen Karten an ihren jeweiligen Plätzen. Bei diesem ersten Durchgang bleiben manche Aussagen noch sehr vage und verschwommen. Untersuchen Sie anschließend die folgenden Positionen auf mögliche Zusammenhänge, wodurch sich dann eine gehaltvollere Deutung ergibt:

Die Hauptachsen
Haus 1 und 7   Die Ich-/Du-Thematik
Haus 4 und 10   Das Woher und das Wohin

Die Häuserelemente (ich nenne sie auch Dreiklänge)
Haus 1, 5 und 9   Der Feuerdreiklang. Er sagt uns häufig etwas über Temperament und Ideale.
Haus 2, 6 und 10   Der Erddreiklang. Entspricht der Welt des Geldes und der Arbeit.
Haus 3, 7 und 11   Der Luftdreiklang. Die Ebene der Gedanken, Ideen, Kontakte und Gespräche.

---

[20] Wenn Ihnen diese Deutung zuwenig greifbar oder zu intim ist, können Sie diesem Feld auch die Bedeutung »Krisen und deren Überwindung« zuordnen.

Haus 4, 8 und 12 Der Wasserdreiklang, der für die Gefühle, das Gespür, die Sehnsüchte und Launen steht.

Diese erste Zusammenschau muß nicht an allen Plätzen zu einer gemeinsamen Aussage führen. Es kann gut sein, daß einzelne Betrachtungen keinen sinnvollen Zusammenhang ergeben. Lassen Sie es dabei bewenden und gehen Sie zum nächsten Schritt:

Sonstige Verbindungen
Themenmäßig ergibt sich häufig in den Häusern 5 (Flirts, Affären und lockere Verbindungen), 7 (Beziehung, Ehe) und 8 (Sexualität) ein Zusammenhang.

Sehr oft erklären sich auch die Hoffnungen und Ängste in Haus 12 aus der Grundstimmung in Haus 1.

Verbinden Sie abschließend alle Einzelaussagen zu einem Gesamtbild und ermitteln Sie zum Schluß die Quintessenz.

3. Legesystem: Das Beziehungsspiel

Aussage: Stand der Beziehung zwischen zwei Menschen
Schwierigkeitsgrad: 2
Zu ziehende Karten: 7
Typische Frage: Wie sieht meine Beziehung zu X, Y, Z aus?

Dieses Spiel gibt Auskunft über die Art, wie zwei Menschen zueinander stehen. Üblicherweise wird es wohl vor dem Hintergrund einer Liebesbeziehung gelegt, aber es eignet sich auch für jede andere Form von Beziehung zwischen Menschen, sei sie beruflich, nachbarschaftlich oder familiär. Insgesamt sieben Karten werden ausgelegt.

Die Deutung

1 = Der Signifikator zeigt die Situation, in der sich die Beziehung befindet; das Thema, das die Beziehung regiert.

Die linke Säule (7, 6, 5) steht für den/die Frager(in),
die rechte Säule (2, 3, 4) für den/die Partner(in).

7+2 = Diese oberen beiden Karten zeigen die bewußte Ebene, auf der sich die Partner begegnen. Es ist das, was sich jeder denkt, was jeder im Kopf hat und wie jeder die Beziehung bewußt einschätzt.

6+3 = Die mittleren beiden Karten stehen für den seelischen Bereich der Beziehung und zeigen, was jeder im Herzen trägt, fühlt, empfindet, ersehnt oder befürchtet.

5+4 = Die unteren Karten stehen für das Auftreten, die nach außen gezeigte Haltung, eben das, was jeder der beiden – möglicherweise als Fassade – zeigt, unabhängig von den dahinterliegenden Gedanken (oberste Ebene 7+2) und Empfindungen (mittlere Ebene 6+3).

Die Deutung der *Hofkarten* bedarf bei diesem Spiel einer besonderen Aufmerksamkeit:

Könige und Königinnen stehen in jedem Fall für Männer und Frauen:

Fällt eine *gegengeschlechtliche* Karte in eine der beiden Säulen, ist das in der Regel ein Hinweis, daß die betreffende Person mit einem anderen Menschen im entsprechenden Bereich zu tun hat.

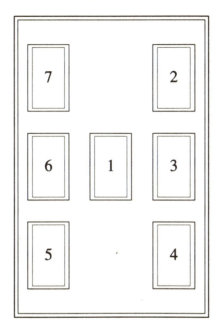

Die *eigengeschlechtliche* Karte in einer Säule ist weniger eindeutig, zeigt aber eventuell die Sorge an, der Partner könne sich für einen dritten mit ebendiesen Charaktermerkmalen interessieren. Das ist zumindest dann wahrscheinlich, wenn die Karte auf der 1. oder 2. Ebene liegt. Dagegen veranschaulicht sie auf der 3. Ebene, wie sich der betreffende Partner nach außen gibt. Das kann bei eigengeschlechtlichen Hofkarten auch auf der 1. und 2. Ebene gelten. Als *Signifikator* bedeutet ein König oder eine Königin, daß eine solche Person ganz offenbar in die Beziehung getreten ist, oder – und dafür habe ich leider keine Erklärung – sie bedeutet an dieser Stelle schlicht gar nichts.

Ritter zeigen in der üblichen Weise Stimmungen an und werden damit wie auch in anderen Spielen gedeutet.

Buben stehen für Impulse von außen. Auch hier gibt es leider keine Eindeutigkeit. Sie zeigen entweder, was der eine vom anderen haben will (obere Ebene), sich ersehnt (mittlere Ebene) oder bekommt (untere Ebene), oder aber, daß ihm die entsprechenden Möglichkeiten außerhalb der Beziehung offenstehen. Dies gilt insbesondere, wenn ein Bube auf der unteren Ebene auftaucht.

Als *Signifikator* bedeutet der Bube, daß die Beziehung einen dem Element des Buben entsprechenden Impuls von außen bekommt. Das ist in der Regel eine bereichernde Erfahrung.

4. Legesystem: Der blinde Fleck

Aussage:	Selbsterfahrungsspiel
Schwierigkeitsgrad:	3
Zu ziehende Karten:	4
Typische Fragen:	Bei Selbsterfahrungsspielen bedarf es keiner Frage.

Das folgende Spiel habe ich aus dem in der Psychologie als Johari-Fenster[21] bekannten Schema abgeleitet. Es gibt Auskunft darüber, wie sich unsere Selbstwahrnehmung von der Art, wie uns die anderen sehen, unterscheidet. Dazu werden insgesamt vier Karten gezogen.
  Die Bedeutung der einzelnen Plätze ist dabei wie folgt:
  1 = Eindeutige Identität. Im Themenbereich dieser Karte nehmen wir uns selbst in gleicher Weise wahr, wie uns die anderen sehen.
  2 = Das große Unbekannte. Unbewußte Prozesse und unbewußt treibende Kräfte, die sehr wohl wirksam sind, ohne uns selbst oder anderen an uns bekannt zu sein.

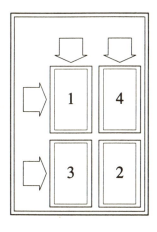

---

21 J. Luft, »*Einführung in die Gruppendynamik*«, Stuttgart 1971

3 = Der Schatten, das Verborgene. Wesensseiten, die uns zwar bekannt sind, die wir aber vor den Augen anderer verbergen. Eigenwahrnehmung.
4 = Der blinde Fleck. Verhaltensweisen, die andere an uns wahrnehmen, ohne daß wir sie selbst kennen. Fremdwahrnehmung.

Zum besseren Verständnis der einzelnen Bedeutungen hier ein Schaubild.

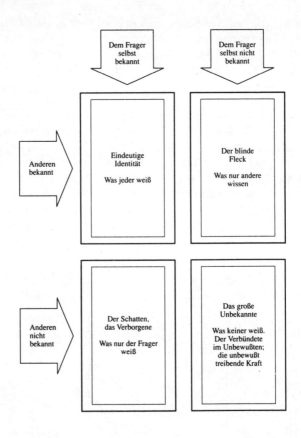

5. Legesystem: Das Entscheidungsspiel

Aussage:	Vorschlag zu einer Entscheidungsfrage
Schwierigkeitsgrad:	2–3
Zu ziehende Karten:	7
Typische Fragen:	Wie soll ich mich entscheiden? Was passiert, wenn ich X tue, und was passiert, wenn ich X nicht tue?

Die Karten können uns keine Entscheidungen abnehmen, sondern nur die Tragweite der mit der Frage verbundenen Themen ausleuchten. Insofern ist das hier vorgestellte Entscheidungsspiel nicht für Fragen geeignet, die sich nur mit »ja« oder »nein« beantworten lassen. Trotzdem hat es sich oft gezeigt, daß es in Entscheidungssituationen eine wertvolle Hilfe ist.

Der Frager zieht sieben Karten, die wie folgt ausgelegt werden [22]:

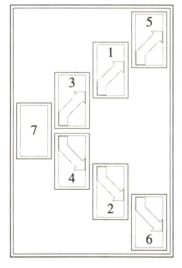

---

[22] Wenn Sie dieses Spiel schon aus einem meiner Bücher kennen, mögen Sie über den Aufbau hier verwundert sein. Ich habe die Legart nur optisch verändert, um die Alternativen klarer zu machen. Die Bedeutung jeder Karte in der gezogenen Reihenfolge ist gleich geblieben.

Die Deutung

7 Der Signifikator. Er gibt eine bildhafte Darstellung des Fragehintergrundes, des Problems oder auch der Art, wie der Frager zu der Entscheidung steht.

3, 1, 5 Diese Karten zeigen in dieser Reihenfolge (3-1-5) chronologisch, was geschieht, wenn Sie X tun.

4, 2, 6 Diese Karten zeigen in dieser Reihenfolge (4-2-6) chronologisch, was geschieht, wenn Sie X nicht tun.

Besonderheiten der Trumpfkarten VI, X, XVII, XX und XXI beim Entscheidungsspiel

1. Taucht die Karte der *Liebe und Entscheidung* (VI) auf, ist das ein Hinweis, daß die Entscheidung wohl schon zugunsten der Seite getroffen wurde, auf der diese Karte liegt.
2. *Das Schicksalsrad* (X) zeigt Ihnen, daß der Frager in seiner Entscheidungsfreiheit so weit beschränkt ist, daß sich die Angelegenheit – auch wenn er es lieber anders hätte – zumindest zunächst in Richtung der Seite entwickelt, auf der diese Karte liegt.
3. *Die Welt* (XXI) zeigt den Platz, »auf den der Frager gehört«. Da dies im eigentlichen Sinne sein wahrer Platz ist, sollte dieser Seite in jedem Fall der Vorzug gegeben werden. Auch eventuelle negative Begleitkarten sollten dabei in Kauf genommen werden. Ähnliches gilt für:
4. den *Stern* (XVII), dort liegt seine Zukunft, und für
5. das *Gericht* (XX), dort kann er seinen Schatz finden.

6. Legesystem: Das Geheimnis der Hohenpriesterin

            Aussage: Trendverlauf und Hintergrund
Schwierigkeitsgrad: 3
Zu ziehende Karten: 9
   Typische Fragen: Wie entwickelt sich mein Vorhaben?
                      Wie geht es (beruflich) weiter?

Dieses Legesystem habe ich aus der Karte der Hohenpriesterin entwickelt, wie sie im Rider-Waite-Deck dargestellt ist. Das Reizvolle an diesem Spiel ist, daß es nicht nur den zu erwartenden Trend anzeigt, sondern eventuell auch eine Antwort auf die uns oft quälende Frage »Warum?« gibt. »Warum passiert mir das?«, »Warum muß das sein?«

Das Geheimnis der dreimal dreifaltigen Mondgöttin entfaltet sich aus neun Karten. Sie werden den Hauptsymbolen, die sie umgeben, entsprechend ausgelegt:

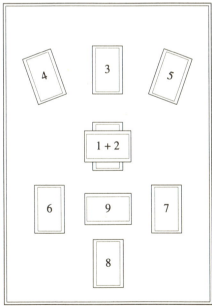

- 1+2 Das Kreuz auf ihrer Brust zeigt das Thema, um das es geht, in Form von zwei Hauptimpulsen, die einander verstärken oder behindern können. (Das ist es. Das kreuzt es.)
- 4+3+5 Die Karten der drei Mondphasen ihrer Krone zeigen die Einflußkräfte, die auf das Thema wirken:
  - 3 Der Vollmond steht für den gegenwärtigen Haupteinfluß.
  - 4 Der zunehmende Mond ist die an Einfluß gewinnende Kraft.
  - 5 Der abnehmende Mond zeigt die an Einfluß verlierende Kraft.

Die beiden Säulen an ihrer Seite stehen für
- 6 Was im dunkeln ist. Das heißt, was da ist, aber noch nicht bewußt wahrgenommen wird, jedoch vielleicht schon geahnt oder befürchtet wird.
- 7 Was im Lichte ist. Das heißt, was klar erkannt und üblicherweise auch geschätzt wird.

Die Mondbarke zu ihren Füßen zeigt,
- 8 Wohin die Reise geht, was als nächstes kommt.

Die 9. Karte, das Buch des geheimen Wissens in ihrem Schoß, wird zunächst verdeckt ausgelegt. Erst wenn alle anderen Karten gedeutet wurden, darf diese Karte angesehen werden. Ist es eine Trumpfkarte, enthüllt die Hohepriesterin damit ihr Geheimnis, und die Karte wird offen ausgelegt. Diese Karte sagt uns dann etwas über die tiefen Beweggründe, das Warum und Wozu. Ist es keine Trumpfkarte, bleibt die Karte verdeckt. In diesem Fall hat die Hohepriesterin ihr Geheimnis für sich behalten. Die 9. Karte hat dann keine Bedeutung. Alle anderen Karten behalten jedoch ihre Aussagegültigkeit.

Vorgehensweise bei der Deutung

Beginnen Sie mit den beiden Hauptimpulsen auf Platz 1 und 2. Deuten Sie dann die Einflüsse in ihrer chronologischen Folge 5, 3, 4. Werten Sie danach die bewußte Seite (7), bevor Sie über die unbewußte Seite (6) zur Aussichtskarte (8) gehen. Fassen Sie den Zukunftscharakter zusammen, den die Karten 4 (zukünftige Einflüsse), 6 (noch unbewußt, aber später bewußt werdend) und 8 (weitere Aussichten) haben, bevor Sie die 9. und letzte Karte umdrehen und deuten.

7. Legesystem: Inannas Abstieg in die Unterwelt

Aussage: Selbsterfahrungsspiel
Schwierigkeitsgrad: 5
Zu ziehende Karten: 15
Typische Fragen: Bei Selbsterfahrungsspielen bedarf es keiner Frage.

Einer der großartigsten Mythen ist uns von den Sumerern überliefert. Er erzählt die älteste uns bekannte Geschichte einer Reise in die Unterwelt und ist zugleich auch der erste überlieferte Auferstehungsmythos.

Inanna, Herrin des Himmels, der Stätte, wo die Sonne aufgeht, steigt herab vom Großen Oben, um ihre ältere Schwester und erbitterte Feindin Ereschkigal, die dunkle Herrin des Großen Unten, im Land ohne Wiederkehr zu besuchen.

Zuvor schmückt sie sich mit ihren königlichen Gewändern und Juwelen und instruiert ihren Wesir Ninschubur (den Wesir mit den günstigen Worten, ihren Ritter der wahren Worte) für den Fall, daß sie nach drei Tagen nicht zurück sein sollte, an den Ruinen das Wehgeschrei anzustimmen. Danach solle er Hilfe für sie erflehen beim höchsten Gott Enlil in Nippur, und falls dieser ablehnt, beim Mondgott Nanna in Ur, und falls dieser ebenfalls ablehnt, beim Weisheitsgott Enki in Eridu, dessen Hilfe gewiß ist.

Daraufhin geht Inanna zum Berg aus Lapislazuli, dem Tor zur Unterwelt, und begehrt beim Torhüter Neti Einlaß. Nachdem dieser erfährt, daß die Herrin des Großen Oben die Unterwelt betreten möchte, fragt er verwirrt: »Wenn du die Königin des Himmels bist, der Stätte, wo die Sonne aufgeht, warum, bitte, bist du dann in das Land ohne Wiederkehr gekommen?«

Woraufhin ihm Inanna angibt, sie möchte an der Begräbnisfeier des Gugallanna teilnehmen, des verstorbenen Gatten ihrer älteren Schwester Ereschkigal.

Neti ist sichtlich überfordert, bittet Inanna zu warten und eilt zu seiner Herrin Ereschkigal, um deren Entscheidung zu hören. Die dunkle Herrin des Großen Unten ist über die Ankündigung, Besuch von ihrer lichten Schwester zu erhalten, wahrhaft aufgebracht (sie beißt sich vor Zorn in den Schenkel). Trotzdem gibt sie

Neti den Auftrag, Inanna einzulassen. Jedoch muß sie, wie auch alle gewöhnlichen Sterblichen, an jedem der sieben Tore der Unterwelt ihre Gewänder und Juwelen Stück für Stück abgeben, so daß sie zuletzt nackt und gebeugt den Raum betritt, in dem Ereschkigal, die Herrin der Tiefe, mit den Annunaki, den gefürchteten sieben Richtern der Unterwelt, über ihr Schicksal befindet. Sie richten auf sie den Blick des Todes – und Inanna stirbt.

Ihr verläßlicher Wesir Ninschubur, ihr getreuer Verbündeter in der Oberwelt, hält sich strikt an die Anweisungen seiner Herrin. Er erhebt das Wehgeschrei an den Ruinen und bittet dann nacheinander zunächst den großen Gott Enlil in Nippur, dann den Mondgott Nanna in Ur und letztlich den alten, gütigen Weisheitsgott Enki in Eridu um Hilfe. Als Enki erfährt, was seiner geliebten Inanna widerfahren ist, erschafft er (aus dem Schmutz unter seinen Fingernägeln) zwei geschlechtslose Wesen Kurgarru und Kulaturru, die er mit der Speise des Lebens und dem Wasser des Lebens in die Unterwelt schickt.

Kurgarru und Kulaturru gewinnen die Gunst der Herrin des Großen Unten und damit die Erlaubnis, Inanna zu neuem Leben zu erwecken. Die wiedergeborene Inanna verläßt das Reich der Tiefe. Doch auch für sie gilt das unumstößliche Gesetz im Land ohne Wiederkehr: Keiner, der die Tore zur Unterwelt durchschritten hat, darf zurück in die Welt des Lichtes, ohne einen Stellvertreter zu stellen, der an seine Stelle ins Reich des Todes muß. So folgt ihr eine Schar unheimlichster Dämonenwesen, um den Verdammten zu fangen und mitzunehmen. Auf ihrer Suche nach einem geeigneten Opfer zieht Inanna durch die Länder, und alle Lebewesen, denen sie begegnet, weichen erschreckt vor ihr und den furchtbaren Dämonen zurück. Als sie zu ihrer Heimstatt kommt, sieht sie voller Zorn, daß ihr Sohn und Geliebter Dumuzi sie offenbar nicht vermißt hat, sondern sich auf ihrem Thron behaglich eingerichtet hat. Auf ihn wirft sie den Blick des Todes, die Dämonen fallen über ihn her und schleifen das angstvoll um Gnade und Hilfe flehende Opfer in ihr finsteres Reich des Todes.

Soweit der Mythos, der ausführlicher erzählt wird in dem leider vergriffenen Buch »Die Geschichte beginnt mit Sumer[23]«. Ich

---

23 Samuel Noah Kramer, »*Die Geschichte beginnt mit Sumer*«, Büchergilde Gutenberg, Frankfurt/Main

habe daraus die folgenden Stationen ausgewählt und sie nach meinem Verständnis gedeutet:

    1 = Inanna, Herrin des Himmels
    2 = Neti, Oberster Torhüter der Unterwelt
3 bis 9 = Die sieben Tore der Unterwelt, an denen Inanna die sieben zuvor angelegten Juwelen und Gewänder ablegen muß. Das sind im einzelnen:
        1. Die Schugurra, die Krone der Ebene
        2. Der Meßstock aus Lapislazuli und die Meßleine
        3. Die Lapislazulisteine um ihren Hals
        4. Die Numuzsteine an ihrer Brust
        5. Der Goldring an ihrer Hand
        6. Der Brustschild »Komm, Mann, komm«
        7. Das Palagewand der Herrscherin
  10 = Ereschkigal, Herrin der Unterwelt
  11 = Ninschubur, der Wesir Inannas
  12 = Die Speise des Lebens
  13 = Das Wasser des Lebens
  14 = Die wiedergeborene Inanna
  15 = Dumuzi, das Opfer für die Unterwelt

Das Spiel wird mit 15 Karten gespielt; 15 ist die Zahl des Vollmonds, die Ischtar, der babylonischen Nachfolgerin Inannas, heilig war. Vor dem Spiel werden die Karten der Großen Arkana von den Karten der Kleinen Arkana getrennt. Der Frager zieht 5 Karten aus den Großen und 10 Karten aus den Kleinen Arkana. Die mit römischen Ziffern angegebenen Schlüsselpositionen werden mit Karten der Großen Arkana belegt, während die Karten der Kleinen Arkana auf die mit arabischen Zahlen bezeichneten Stellen kommen.

  Die Botschaft dieses Mythos, die ich hier wiedergeben möchte, heißt: Inanna muß auf dem Weg in die Tiefe vieles von dem aufgeben, was ihr bislang wichtig und wertvoll war. Gebeugt und völlig entblößt begegnet sie dort ihrer eigenen Schattenseite. Bei dieser Begegnung stirbt sie. Das heißt, ihre alte Identität ist erloschen. Durch die Hilfe ihres Verbündeten erwacht sie zu neuem Leben und kommt als neue Inanna zurück in die Welt des

Lichtes. Durch Aufgabe ihrer alten Identität und Erlösung ihrer Schattenseite ist sie neu, ganz und heil geworden. Dafür muß sie in der Oberwelt noch ein (Dank-)Opfer bringen, indem sie (vorübergehend) auf etwas, das ihr wichtig ist, verzichtet.

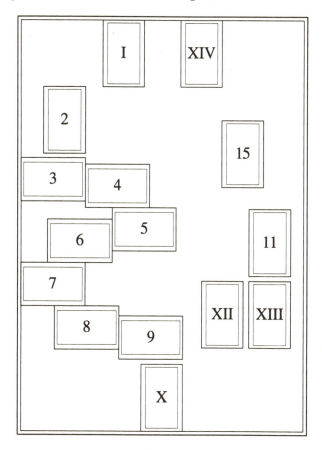

Vor diesem Hintergrund deute ich die Karten wie folgt:
I Die (vermeintliche) Lichtseite, die aber erst durch die Begegnung und Annahme der Schattenseite (X) ganz und heil wird.
2 Der Empfang am Tor zur Unterwelt.

3–9 Die Werte, Verhaltensweisen, Angewohnheiten, Wünsche, Vorstellungen usw., die aufgegeben werden müssen [24].

X Die Schattenseite, die es zu erlösen gilt, die dunkle Schwester, das schwarze Gold, das gehoben werden soll.

Das Zusammentreffen von Inanna (I) und Ereschkigal (X) bedeutet den Tod der alten Ich-Identifikation (keine Karte).

11 Die helfende Kraft, der Verbündete in der Oberwelt.
XII Die erste belebende Kraft.
XIII Die zweite belebende Kraft.
XIV Die neugewonnene Identität.
15 Das Opfer. Genaugenommen das, worauf vorübergehend verzichtet werden muß: Dumuzi ist der Frühlingsgott, der Gott des zunehmenden Jahres, der jedes Jahr im Herbst geopfert und im Frühling neu geboren wird.

Vorgehensweise bei der Deutung

Der Schlüssel zur Deutung dieses häufig sehr schwierigen Selbsterfahrungsspiels liegt im Verständnis der Karten I, X und XIV. Lassen Sie diese Karten so lange auf sich wirken, bis Sie verstehen, wo der Gegensatz zwischen der lichten Seite der Karte I und der dunklen Seite der Karte X liegt, und wie die Vereinigung der Gegensätze in der Karte XIV zum Ausdruck kommt. Erst dann deuten Sie die Abstiegskarten 2 bis 9 und abschließend den Weg nach oben.

---

[24] Wenn an dieser Stelle Könige und Königinnen auftauchen, heißt das, daß sich der Frager vom Einfluß dieser Personen lösen muß bzw. die Ich-Fixierung aufgeben muß im Fall, daß die Karte ihn selbst darstellt.

8. Legesystem: Das keltische Kreuz

Aussage: Universalspiel, besonders Trendverläufe
Schwierigkeitsgrad: 2
Zu ziehende Karten: 10
Typische Fragen: Wie entwickelt sich mein Vorhaben? Wie geht es weiter? Was tut sich im Beruf? Dieses Legesystem eignet sich bei jeder Art von Fragestellung.

Die bekannteste aus älterer Zeit überlieferte Form, Karten zu legen, ist das keltische Kreuz. Es ist ein universales Legesystem, das sich für alle Frageformen wie Trendverläufe, Aufhellung eines Hintergrundes, als Vorausschau und zur Ursachenforschung verwenden läßt. Wenn ich mir nicht sicher bin, welches Legesystem sich für eine bestimmte Fragestellung am besten eignet, entscheide ich mich im Zweifelsfalle immer für dieses keltische Kreuz.

Die Karten werden dabei wie folgt ausgelegt.

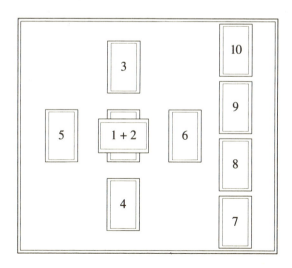

Hierzu können die folgenden Worte gesprochen werden:
1 = Das ist es
2 = Das kreuzt es
3 = Das krönt es
4 = Darauf ruht es
5 = Das war zuvor
6 = Das kommt danach
7 = Das ist der Frager
8 = Dort findet es statt
9 = Das sind die Hoffnungen und Ängste
10 = Dorthin führt es

Oder etwas weniger magisch:
1 = Darum geht es
2 = Das kommt hinzu
3 = Das wird erkannt
4 = Das wird gespürt
5 = Das hat dahin geführt
6 = So geht es weiter
7 = So sieht es der Frager
8 = So sehen es die anderen, oder dort findet es statt
9 = Das erwartet oder befürchtet der Frager
10 = Dorthin führt es

Die Bedeutungen im einzelnen

1 = Die Ausgangssituation.
2 = Der hinzutretende Impuls, der förderlich oder auch hinderlich sein kann.

In diesen beiden Karten haben Sie eine Hauptantwort auf das, was ist. Die nächsten drei Karten geben Hintergrundinformationen:

3 = Die bewußte Ebene. Das, was dem Frager im Umgang mit dem Thema klar ist, was er erkennt, was gesehen wird, was eventuell auch bewußt angestrebt wird.
4 = Der Bereich des Unbewußten. »Darauf ruht es«, heißt es in der magischen Formel. Damit ist ausgedrückt, daß eine

Angelegenheit, die auf dieser Ebene gut verankert ist und von tiefer innerer Gewißheit getragen wird, stärkste Wurzeln hat und nur schwer erschütterbar ist.

Für die Bedeutung dieser beiden Karten gibt es je nach Art der Frage einen gewissen Deutungsspielraum. Letztlich aber spiegeln sie, was der Kopf (3) und das Herz (4) dazu sagen.

5 = Die zeitlich zurückführende Karte. Sie zeigt die jüngste Vergangenheit und gibt damit häufig auch einen Hinweis auf Ursachen der jetzigen Situation.

6 = Die erste in die Zukunft weisende Karte gibt einen Ausblick auf die nahe Zukunft, auf das, was als nächstes kommt.

7 = Diese Karte zeigt den Frager[25], seine Einstellung zum Thema (den Karten 1 und 2), oder wie es ihm dabei geht.

8 = Das Umfeld. Hier kann sowohl der Ort des Ereignisses als auch der Einfluß anderer Personen auf das Thema dargestellt sein.

9 = Hoffnungen und Ängste. Die Bedeutung dieser Karte wird häufig unterschätzt, weil sie keinen prognostischen Charakter hat für das, was tatsächlich kommen wird. Dabei gibt gerade diese Karte wertvolle Informationen insbesondere dann, wenn Sie die Karten für jemanden deuten, den Sie nicht kennen oder Ihnen die Frage nicht mitgeteilt wurde. Hier spiegeln sich die Erwartungen oder die Befürchtungen wider.

10 = Die zweite in die Zukunft weisende Karte gibt den langfristigen Ausblick und zeigt eventuell auch den Höhepunkt, zu dem das befragte Thema führt.

Damit liegen die prognostischen Karten ausschließlich an den Plätzen 6 und 10. Alle anderen Karten geben zusätzliche, erklärende Hinweise über Umfeld und Hintergründe des Fragenkomplexes.

---

25 Wenn die Karten für eine nichtanwesende Person befragt werden, müssen wir uns zuvor darüber klarwerden, ob dieser Platz unsere (des Fragers) Haltung oder die des Betroffenen spiegeln soll.

Vorgehensweise bei der Deutung

Beginnen Sie mit Platz 5 (Vergangenheit, Vorgeschichte) und deuten Sie danach Platz 9 (Hoffnungen und Ängste). Dadurch bekommen Sie ein besseres Bild, weil Sie nun wissen, vor welchem Ereignishintergrund (Platz 5) die Frage gestellt wurde und was der Frager erhofft oder befürchtet (Platz 9). Deuten Sie dann die Karten 1 und 2 als die derzeitigen Hauptimpulse und schauen Sie, was dabei bewußt gesehen wird (Platz 3) und wie es im Unbewußten verankert ist (Platz 4). Prüfen Sie dann die Einstellung des Fragers zum Thema (Platz 7), die Außeneinflüsse oder das Umfeld (Platz 8), bevor Sie mit den prognostischen Karten auf Platz 6 und 10 abschließen.

9. Legesystem: Das Kreuz

Aussage: Vorschlag und Trendverlauf
Schwierigkeitsgrad: 1
Zu ziehende Karten: 4
Typische Frage: Wie soll ich mich verhalten?

Das Kreuz ist eines der einfachsten, aber dadurch nicht minder interessanten Legesysteme. Es gibt eine kurze, knappe Aussage, die häufig genug eine wertvolle Richtung weist. Dabei ist es sehr vielseitig verwendbar. Wenn Sie mit den 78 Tarotkarten noch so wenig vertraut sind, daß Sie die Vielzahl der Karten verwirrt, können Sie dieses Spiel sehr gut nur mit den 22 Karten der Großen Arkana spielen.

Die Karten werden dabei wie folgt ausgelegt.

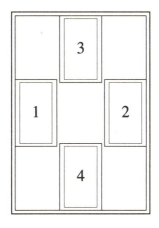

Sie bedeuten:
1 = Darum geht es
2 = Das sollten Sie nicht tun
3 = Das sollten Sie tun
4 = Dahin führt es, dafür ist es gut

Bei der Deutung ist es das Wichtigste, den Unterschied zwischen den Karten 2 und 3 herauszuarbeiten. Gerade bei ähnlichen

Karten kann in deren feinem Unterschied das wesentliche der Aussage enthalten sein. Nehmen Sie bei der Deutung der Karte an Platz 2 auch immer die Schlüsselworte aus der Rubrik »Schatten« mit hinzu.

Variante

Das gleiche Legesystem können Sie verwenden, wenn Sie bei einer Deutung eine Karte nicht verstehen. Mischen Sie dann alle Karten neu und legen Sie sie nach der Methode des Kreuzes aus mit der Frage:

Was bedeutet die Karte X bei der letzten Legung?

In diesem Fall haben die Plätze folgende Bedeutung:
- 1 = Darum geht es
- 2 = Das bedeutet die Karte nicht
- 3 = Das bedeutet sie
- 4 = Dazu dient es, dafür ist es gut

Ebenso können Sie natürlich auch die Bedeutung eines Traums erfragen.

10. Legesystem: Das Krisenspiel

Aussage: Vorschlag zur Überwindung einer Krise
Schwierigkeitsgrad: 2
Zu ziehende Karten: 4
Typische Fragen: Wie komme ich aus der Krise? Wo ist der Ausweg? Was hilft mir weiter?

Diesem Spiel liegt das Motiv der »Kummerkarte« 5 der Kelche zugrunde. Die Karte zeigt drei umgeworfene Kelche, die in diesem Legesystem zu Platz 1 wurden: »Das ist gescheitert, das ist verlorengegangen.« Die zwei stehenden Kelche auf der rechten Seite heißen: »Das blieb verschont, oder das hilft weiter« (Platz 2). Die Brücke zeigt den Ausweg (Platz 3) und die Burg das sichere Ziel (Platz 4).

Die Karten werden wie folgt ausgelegt.

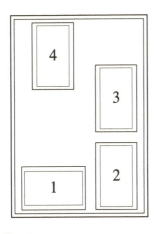

Die Deutung

1 = Das ist gescheitert, das ging verloren, das ist die Krise
2 = Das blieb verschont, das hilft weiter
3 = Das ist der Ausweg
4 = Das ist das Ziel und die Zuflucht

11. Legesystem: Die Lemniskate (∞)

Aussage: Stand einer Beziehung oder eines inneren Konflikts oder Widerspruchs
Schwierigkeitsgrad: 3
Zu ziehende Karten: 8
Typische Fragen: Wie steht es mit meiner Beziehung zu X? Wo liegt mein innerer Widerspruch?

Dieses Legesystem läßt sich sowohl für Fragen nach dem Stand einer Beziehung verwenden als auch zur Verdeutlichung und Veranschaulichung eines inneren Widerspruchs. Im letzteren Fall sind die zwei Beteiligten die zwei Seelen in der eigenen Brust. Die Karten werden in Form der Unendlichkeitsschleife (Lemniskate) ausgelegt.

Wurden die Karten auf den Stand einer Beziehung gelegt, spiegelt der rechte Kreis den Frager und der linke den Partner. Handelt es sich um die »zwei Seelen« im Frager, dann zeigt der rechte Kreis die bewußte und der linke Kreis die unbewußte Ebene.

Die Bedeutung der Karten ist wie folgt:

1+5 = Die weiteste Entfernung, der größte Unterschied, die auseinanderstrebenden Kräfte.
3+7 = Die Berührung, die Gemeinsamkeit, die Übereinstimmung, gegebenenfalls der Ansatzpunkt zur Aussöhnung.
2+6 = Absicht, Wille, Zielrichtung.
4+8 = Innerer Drang, instinktiv treibende Kraft.

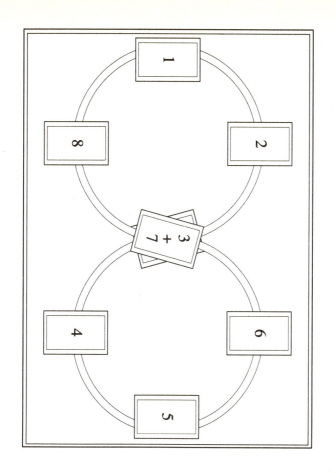

12. Legesystem: Leonardo oder Ideal und Wirklichkeit

Aussage: Tendenz oder Selbsterfahrung
Schwierigkeitsgrad: 4
Zu ziehende Karten: 9
Typische Fragen: Worauf läuft meine Entwicklung (meine derzeitige Situation) hinaus? Was kann ich tun? Wo stehe ich, und welche Möglichkeiten habe ich?

Dieses Legesystem wird auch das »Leonardo-Spiel« genannt, weil ihm die von Leonardo da Vinci entworfene harmonische Darstellung des Menschen zugrunde liegt. Kreis und Quadrat, die dadurch gebildet werden, stehen für Ideal (Kreis) und Wirklichkeit (Quadrat). Damit bietet sich dieses Bild als Grundlage eines Legesystems an, das zeigt, wo der Frager steht (Quadrat), und welche Ziele, Möglichkeiten und höhere Bedeutungen dahinterliegen (Kreis).

Die Deutung

Das Thema
1 = Das Thema, um das es geht – bewußter Aspekt
9 = Das Thema, um das es geht – unbewußter Aspekt

Die Basis
4 = Die Basis, das Fundament, auf dem der Frager steht
7 = Eine Tat, mit der die Basis gestärkt werden kann
8 = Eine Erkenntnis oder Einsicht, mit der die Basis gestärkt werden kann

Das Ziel
2 = Das greifbare Ziel
5 = Seine höhere Bedeutung
3 = Hoffnungen und Ängste
6 = Unerwartete Einflüsse

13. Legesystem: Das Narrenspiel

              Aussage: Derzeitiger Standort innerhalb
                          einer Entwicklung
Schwierigkeitsgrad: 4
Zu ziehende Karten: 12
   Typische Fragen: Wo stehe ich auf meiner (beruflichen, künstlerischen) Laufbahn? Wie weit bin ich auf meinem Weg (der Selbstverwirklichung, der spirituellen Suche, der Psychoanalyse usw.) gekommen?

Das Narrenspiel spiegelt in einer einfachen Abfolge von Karten den chronologischen Verlauf einer Angelegenheit. Gleichzeitig zeigt es, wo der Frager derzeit innerhalb dieser Entwicklung steht, was schon hinter ihm liegt und was er noch vor sich hat. Deshalb eignet es sich wie kein anderes hier vorgestelltes Legesystem zur Betrachtung längerer Entwicklungen. Da jedoch die einzelnen Plätze keine Bedeutungsvorgaben haben und jede Karte lediglich auf der vorhergehenden aufbaut, ist die Deutung in manchen Fällen schwierig. Hinzu kommt, daß dieses Spiel auch über langfristige Entwicklungen Aussagen machen kann, wobei jede Karte eine andere Zeitspanne als eine andere anzeigen kann.

Hauptschwierigkeit der Deutung ist allerdings die häufig anzutreffende fixe Idee, die Entwicklung unseres Lebens müsse einen logischen Verlauf nehmen. Das Narrenspiel zeigt dagegen auch widersprüchliche Verläufe, unsere Irrungen und Umwege.

Zunächst wird der Narr aus dem Kartenspiel genommen. Die übrigen 77 Karten werden wie gewohnt gemischt und dann fächerartig ausgebreitet. Der Frager zieht aus diesen verdeckten Karten 12 heraus, unter die dann der Narr gemischt wird. Nachdem der Frager entschieden hat, ob die Karten »von oben« oder »von unten«[26] aufgedeckt werden sollen, werden alle 13 Karten nebeneinander ausgelegt.

---

26 Das heißt, ob das Auslegen mit der obersten Karte oder mit der untersten begonnen wird.

1	2	3	4	5	6	7	8	9	10	11	12	13

Der Narr kennzeichnet hier den Gegenwartspunkt. Somit zeigen alle vor ihm liegenden Karten zurückliegende Entwicklungen, die ihm folgenden Karten weisen in die Zukunft. Kommt der Narr als erste Karte, heißt das, daß der Frager noch am Anfang der Entwicklung oder an einem Neuanfang steht. Als letzte Karte zeigt der Narr, daß der Frager am Ende dieser Entwicklung steht oder zumindest am Ende eines bedeutsamen Erfahrungszeitraums.

14. Legesystem: Das Partnerspiel*

              Aussage: Stand einer Beziehung
Schwierigkeitsgrad: 1
Zu ziehende Karten: 6
    Typische Fragen: Wie steht unsere Beziehung?
       Besonderheit: Dieses Spiel wird von beiden Partnern gemeinsam gespielt.

Dieses Spiel hat neben seinem oft verblüffenden Aussagewert häufig den Effekt, ein wertvolles Gespräch zwischen beiden Partnern auszulösen. In seiner Grundform kann es gut mit nur 22 Trumpfkarten der Großen Arkana gespielt werden und ist damit bestens als Anfängerspiel geeignet.

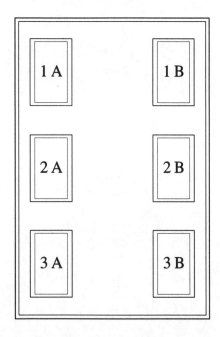

* Quelle: Ziegler, »*Tarot, Spiegel der Seele*«, Sauerlach 1984

Es wird von beiden Partnern gemeinsam gespielt, indem jeder gleichzeitig eine Karte (insgesamt je 3) zieht und sie dem anderen präsentiert. Dabei haben die einzelnen Karten die folgende Bedeutung, die mit dem Aufdecken der einzelnen Karten vom jeweiligen Partner (Bedeutungen in Klammern) gesagt werden:

- 1 a = So sehe ich dich. (So sieht A B)
- 1 b = So sehe ich dich. (So sieht B A)
- 2 a = So sehe ich mich. (So sieht A sich selbst)
- 2 b = So sehe ich mich. (So sieht B sich selbst)
- 3 a = So sehe ich unsere Beziehung. (Sicht von A)
- 3 b = So sehe ich unsere Beziehung. (Sicht von B)

Das Spiel kann in jeder Form von Beziehung gespielt werden, sei sie familiär, freundschaftlich, beruflich oder eine Partnerschaft bzw. Ehe.

15. Legesystem: Das Planetenspiel

Aussage: Personenbeschreibung/Selbsterfahrung
Schwierigkeitsgrad: 4–5
Zu ziehende Karten: 11
Typische Fragen: Was für ein Mensch ist X, Y, Z? Wo stehe ich? Was sind meine Eigenschaften?

Dieses Spiel beschreibt einen Menschen in der Art des astrologischen Verständnisses der zehn Planeten und des Aszendenten. Es eignet sich damit sowohl zur Selbsterfahrung als auch zur Betrachtung von Menschen, mit denen wir in Verbindung stehen. Natürlich ist es auch eine gute Ergänzung, wenn in anderen Spielen Könige und Königinnen auftauchen und wir über diese Personen mehr erfahren möchten.

Elf Karten werden dabei in Form eines Fünfsterns gelegt, der ja ein Symbol für den Menschen ist. Die fünf Strahlen dieses Sterns haben die folgenden Oberbedeutungen: Pfeil oben Mitte: Wissen, erkennen, Pfeil oben links: Animus, erstreben, Pfeil oben rechts: Anima, erleben, Pfeil unten links: Schicksal, erfahren, Pfeil unten rechts: Erlösung, ersehnen.

Wenn Sie mit der Astrologie vertraut sind, werden Sie Ihr eigenes Verständnis der Planeten haben. Andernfalls schlage ich Ihnen die nachstehenden Zuordnungen vor:

1 = **Aszendent** Auftreten, Erscheinung, Aussehen, derzeitige Verfassung, Grundstimmung, Konstitution.

2 = **Sonne** Wesenskern, Identität, Bewußtsein, Geist, Wille, Lebensinhalt, Kraft der Selbstverwirklichung, Schöpferkraft, Vitalität.

3 = **Merkur** Orientierungsvermögen, Gedanken, Verstand, Intelligenz, Wortgewandtheit, Gerissenheit. Scharfsinn, Kritikvermögen, Beobachtungsgabe, Neugier.

4 = **Mond** Gemüt, Gefühl, Instinkte, innere Getriebenheit, das persönliche Unbewußte, Beeindruckbarkeit, Sehnsüchte, Bedürfnisse.

5 = **Jupiter** Sinnfindung, Ideale, Moral, Überzeugungen, Zuversicht, Vertrauen, Wertschätzungen, Bewußtsein von

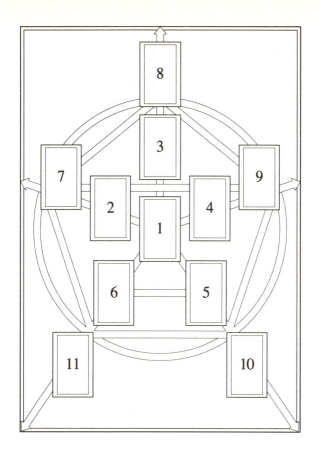

Reichtum und Fülle, Glauben, Erfolg, Tugenden, Gerechtigkeitsempfinden, Großzügigkeit.

6 = **Saturn** Gewissen, Beschränkungen, Disziplin, Zuverlässigkeit, Mißtrauen, Sicherheitsbedürfnis, Struktur, Halt, Mangel, Mißerfolg, Armut, Zwanghaftigkeiten und Zwangsläufigkeiten, Hemmungen, Pflichten.

7 = **Mars** Durchsetzungskraft, Konfliktbereitschaft, Energieeinsatz, Selbstbehauptung, Eroberungswille, Aggressivität, Betätigungslust, Willenskraft, Begierden, Wut, Zerstörungskraft, Sexualität, Mut und Übermut.

8 = **Uranus** Individualität, Originalität, Unabhängigkeitsdrang, Besonderheiten, Verrücktes, Exzentrik, Skurrilität, Distanziertheit, Einfallsreichtum.
9 = **Venus** Liebesideale, Liebesverlangen, Liebenswürdigkeit, Anpassungsfähigkeit, Harmoniebedürfnis, Hingabebereitschaft, Erotik, Sinn für das Schöne und die Kunst, Feinsinn, das Musische.
10 = **Neptun** Medialität, Ahnungen, mystische Neigungen, Süchte, Verwirrungen, Nebulöses, Durchlässigkeit für Übersinnliches, Verschmelzung mit dem Urgrund.
11 = **Pluto** Archaische Kräfte, Einflußstärke, Machtstreben, kollektives Unbewußtes, Tiefenerfahrung, Wandlungskräfte, Metamorphose, Hypnose, Kräfte der Heilung und Vernichtung, Besessenheit.

16. Legesystem: Das Planspiel

Aussage: Vorschlag, um ein Ziel zu erreichen
Schwierigkeitsgrad: 2
Zu ziehende Karten: 5
Typische Fragen: Wie erreiche ich mein Ziel? Wie komme ich zu mehr Ordnung/Zufriedenheit/Geld usw.?

Mit diesem Planspiel werfen die Karten Licht auf ein bestimmtes Vorhaben oder zeigen, ob und wie sich ein sehnlicher Wunsch verwirklichen läßt. Ziehen Sie dazu fünf Karten und legen Sie diese wie folgt aus.

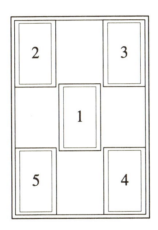

Die Bedeutung der Plätze:
1 = Der Signifikator. Eine für das Vorhaben kennzeichnende Aussage oder ein bedeutsamer Hinweis.
2 = Die den Frager (unbewußt) treibende Kraft.
3 = Objektive Einwände oder Bestärkungen.
4 = So wird es nicht gelingen.
5 = So wird es gelingen.

17. Legesystem: Der Stern*

Aussage:	Situationsbeschreibung und Ausblick
Schwierigkeitsgrad:	3
Zu ziehende Karten:	6
Typische Fragen:	Wie entwickelt sich mein Vorhaben? Wie geht es beruflich weiter? Dieses Legesystem läßt sich auch gut ohne Frage spielen.

Dieses Spiel ist vor allem für die intuitiven Deuter geeignet, die sich bei den anderen Legesystemen zu sehr an den festen Bedeutungsvorgaben der einzelnen Felder reiben. Dadurch daß bei diesem Spiel jedes Feld eine doppelte Bedeutung erhält, wird der intuitiven Deutung mehr Platz gegeben. Es kann mit oder ohne Fragestellung gespielt werden. Die sechs Karten werden in der Art des Davidsterns ausgelegt.

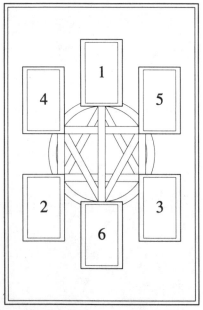

* Quelle: Winkelmann, »*Tarot der Eingeweihten*«, Berlin 1954

Zur Deutung werden sie jedoch anders zusammengefaßt:
1. Zu zwei Dreiecken, wobei
    - 1, 4 und 5   für die Angelegenheit, die Situation oder die Frage stehen, und
    - 2, 3 und 6   den Frager und seine Einstellung zeigen.
2. Zu drei Säulen, die verschiedene Ebenen spiegeln:
    - 2 und 4   Die äußere, materielle, körperliche Ebene
    - 1 und 6   Die bewußte, geistige, erkennende Ebene
    - 3 und 5   Die seelische, intuitive, instinktive Ebene

18. Legesystem: Die Stufenleiter

Aussage: Erfordernisse und Aussichten eines Vorhabens
Schwierigkeitsgrad: 3
Zu ziehende Karten: 7
Typische Fragen: Wie komme ich im Fall X weiter? Was muß ich tun, um X zu erreichen?

Dieses Legesystem habe ich aus dem Aufbau des Zodiaks abgeleitet, der – entsprechend gestellt – »Planetenstockwerke« zeigt, auf die verschiedene mythologische Bilder wie der Weltenbaum, der Weltberg und die Himmelsleiter zurückgehen. Diese Leiter dient hier als Grundlage, um eine Aussage über die Voraussetzungen, Aussichten und Begleitumstände bei der Verwirklichung eines Projekts zu bekommen.

Insgesamt sieben Karten werden dazu wie nebenstehend gezeigt.

Die Deutung

1 = ♄ Hüter der Schwelle: Grundvoraussetzung, die je nach Karte erworben oder überwunden werden muß, andernfalls wird das Vorhaben scheitern.

Wenn diese Schwelle überwunden wird, geht die Entwicklung wie folgt weiter:

2 = ♃ Wachstumsfördernde, hilfreiche Impulse

3 = ♂ Willensstärke, Durchhaltevermögen, Durchsetzungskraft

4 = ♀ Erfreuliche, beglückende Erfahrungen, Begegnungen mit oder Unterstützung von anderen

5 = ☿ Taktisch wichtige Überlegungen, gedankliches Konzept

6 = ☉ Erfolg, langfristiges Ergebnis

7 = ☽ Resonanz, Echo von seiten anderer

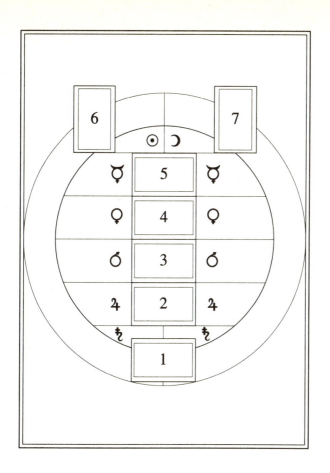

19. Legesystem: Die Tür*

Aussage: Die nächste »Tür«, vor der wir stehen
Schwierigkeitsgrad: 4
Zu ziehende Karten: 11
Typische Fragen: Das Spiel wird üblicherweise ohne spezielle Frage gespielt und zeigt uns die nächste Tür, zu der wir kommen. Es kann aber auch einfach gefragt werden: »Was steht mir bevor?«

Dieses Legesystem eignet sich besonders für diejenigen, die aus einer tiefen Intuition heraus deuten und sich ungern durch zu enge Bedeutungsvorgaben festlegen lassen. Durch die bildhafte Ausdrucksweise hat hier jeder Platz eine breite Interpretationsmöglichkeit, die der eigenen Ausgestaltung genügend Raum läßt. Andererseits setzt das Fehlen dieses Halts eine gewisse Übung voraus, womit das Spiel für Anfänger weniger geeignet ist. Die elf Karten werden wie nebenstehend abgebildet ausgelegt.

Die Deutung

1 = Der Name der Tür. Darum geht es.
2 = Das Schlüsselloch. Eine erste Idee, was hinter der Tür liegt.
3 = Das Schloß. Es hält die Tür (soweit) verschlossen.
4 = Der Knauf. Man braucht ihn, um die Tür zu öffnen.
5 = Das führt zur Tür.
6 = Hoffnungen und Ängste. Die Erwartungen des Fragers, was hinter der Tür liegen könnte.
7 = Die Einstellung des Fragers zur Tür.
8 = Was tatsächlich hinter der Tür liegt.
9 = Wo die Tür zu finden ist.
10 = Was beim Öffnen der Tür passiert.
11 = Der Schlüssel zur Tür, der zum Schloß (3) passen sollte.

Anmerkung: Wir müssen nicht durch jede Tür gehen. Die Karten können auch vor einer Falle warnen. In diesem Fall ist es das Beste, den Schlüssel gut an einem sicheren Ort zu verwahren.

---

* Quelle: »*Tarot Network News*«

Wichtige Zusammenhänge bei der Zusammenschau:
Der Name der Tür (1) ist nur die Außenansicht und entspricht der Schlagzeile über einem Zeitungsartikel. Das Schlüsselloch (2) gibt schon einen besseren Aufschluß. Die wichtigste Karte für das Kommende aber ist auf Platz 8. Sie spiegelt, wohin der Weg durch diese Tür auf Dauer führt. Platz 10 dagegen zeigt das eher kurzfristige Gefühl oder Erlebnis beim Überschreiten der Schwelle. Platz 6 und 7 sind rein subjektive Erwartungen des Fragers. (Platz 6 entsprechend Platz 8 hinsichtlich der langfristigen Aussichten und Platz 7 entsprechend Platz 10 als Einstellung zur Schwelle.) Wesentliche Voraussetzungen, um die Tür zu erreichen, liegen auf Platz 4, 5 und 9 und nicht zuletzt in dem Schlüssel auf Platz 11, mit dem das Schloß auf Platz 3 zu öffnen ist, das bislang die Tür zugehalten hat.

20. Legesystem: Der Weg

Aussage:	Vorschlag zur Verhaltensweise
Schwierigkeitsgrad:	3
Zu ziehende Karten:	7
Typische Fragen:	Wie soll ich mich verhalten? Was kann ich tun, um X, Y, Z zu erreichen? Wie soll ich mit meiner Gesundheit usw. umgehen?

Dieses Spiel zeigt dem Frager
a) das Thema, um das es geht,
b) wie er sich in der Frageangelegenheit bislang verhalten hat,
c) wie er sich (statt dessen) zukünftig verhalten soll.

Die Karten werden dazu in der abgebildeten Reihenfolge ausgelegt: Die sieben Plätze haben die folgende Bedeutung:

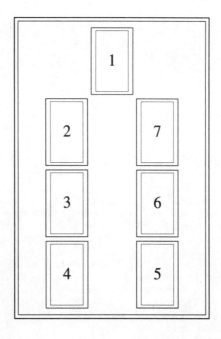

1 = Darum geht es. Das sind die Chancen und Risiken im Zusammenhang mit der Frage.

Die linke Säule zeigt das bisherige Verhalten:
2 = Bewußte Einstellung und rationales Verhalten. Gedanken, Vernunftgründe, Vorstellungen, Absichten, Verhaltensweisen. Was sich der Frager denkt oder soweit gedacht hat.
3 = Unbewußte Einstellung und emotionales Verhalten. Wünsche, Sehnsüchte, Hoffen und Bangen. Was der Frager fühlt oder bisher empfunden hat.
4 = Äußere Haltung. Das Auftreten des Fragers, wie er auf andere wirkt und damit eventuell seine Fassade.

Die rechte Säule zeigt Vorschläge für zukünftiges Verhalten (Bedeutungen entsprechen den Feldern 2–4):
7 = Bewußte Einstellung. Vorschlag für die rationale Vorgehensweise.
6 = Unbewußte Einstellung. Vorschlag für die emotionale Haltung.
5 = Äußere Haltung. So soll der Frager auftreten. Das soll er tun und zu erkennen geben.

21. Legesystem: Der Zauberspruch der Zigeuner

>Aussage: Situationsbeschreibung und Ausblick
Schwierigkeitsgrad: 2
Zu ziehende Karten: 7
Typische Fragen: Dieses Legesystem wird üblicherweise ohne spezielle Frage gespielt.

Dieses Spiel hat für mich den spielerischsten Charakter aller hier vorgestellten Legesysteme. Die »magischen Worte« der Zauberformel beschwören einen ahnenden Blick hinter den Schleier der Zukunft. Es ist ein sehr reizvolles Spiel, insbesondere da, wo die Karten eher aus Neugierde oder auch zur Unterhaltung gelegt werden. Damit soll aber nicht etwa gesagt sein, daß die Aussagequalität der Karten hier nicht gegeben sei. Üblicherweise werden hierbei die Karten ohne spezielle Frage ausgelegt, wobei mit jeder Karte der untenstehende Zauberspruch gemurmelt wird.

1 = Das ist dein Ich
2 = Was dich deckt
3 = Was dich schreckt
4 = Was dich treibt
5 = Was dir bleibt
6 = Was dir die Zukunft bringt
7 = Was dich auf den Boden zwingt

Dabei deute ich die Karten nicht getreu dem Wortlaut dieses Spruches, der mir dem Reim zuliebe etwas zu starr erscheint. Ich verstehe die einzelnen Plätze wie folgt:

1 = Die derzeitige Situation des Fragers
2 = Was er nach außen zeigt
3 = Was er dahinter verbirgt
4 = Was er erstrebt
5 = Wie es ihm dabei geht, und was er erreicht
6 = Was als nächstes kommt
7 = Was das (alles) für ihn bedeutet.

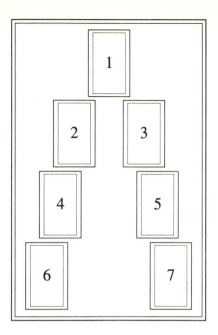

Schlüsselwörter zur Deutung

0 Der Narr

Archetyp	Das Kind
Allgemein	Staunen, Offenheit, Neubeginn
Beruf	Laienhaftigkeit, Neuanfang
Beziehung	Lebendigkeit, Spontaneität
Bewußtsein	Vorurteilslosigkeit, Neugier
Spirituell	Die Weisheit des Narren
Ziel	Suchen und Unterwegssein
Schatten	Verantwortungslosigkeit
Umgekehrt	Chaos, Torheit, Versagen, Blamage
22 als Quintessenz[27]	Der erstaunliche Weg der Unvoreingenommenheit und des steten Neubeginns, der zu neuen Strukturen (Herrscher = 4) führt

I Der Magier

Archetyp	Der Schöpfer
Allgemein	Einflußkraft, Initiative, Willenskraft, Geschicklichkeit, Suggestivkraft, Gelingen
Beruf	Meisterschaft, Einflußkraft, Erfolg
Beziehung	Faszination, Anziehungskraft
Bewußtsein	Durchdringende Erkenntnis, Eindeutigkeit
Spirituell	Das solare Bewußtsein
Ziel	Meisterung des Schicksals
Schatten	Der Blender, Manipulator, Scharlatan
Umgekehrt	Destruktivität, Betrug
1 als Quintessenz	Der aktive Weg der Kraft, des Einflusses und der Initiative

---

[27] Innerhalb der Großen Arkana hat der Narr den Stellenwert 22 und wird mit dieser Zahl auch bei der Ermittlung der Quintessenz berücksichtigt.

II Die Hohepriesterin

Archetyp	Die Jungfrau
Allgemein	Feingespür, Geduld, Verständnis, Bereitschaft, Nachsicht, Medialität (Schutzkarte)
Beruf	Hingabe, helfen, heilen, vertrauen
Beziehung	Verstehen, Seelenverwandtschaft, Fürsorge
Bewußtsein	Innere Stimme, das Rätselhafte
Spirituell	Lunares Bewußtsein, Weisheit des Schoßes
Ziel	Berührt werden, Einswerden mit dem Urgrund
Schatten	Realitätsflucht, Unberechenbarkeit
Umgekehrt	Verzweiflung, Schwatzhaftigkeit, Zauderei
2 als Quintessenz	Der intuitive Weg der Vorstellungskraft, der Geduld, des Abwartens und der Bereitschaft

III Die Herrscherin

Archetyp	Die Mutter
Allgemein	Wachstum, Lebendigkeit, Geburt des Neuen, Schwangerschaft, einen fruchtbaren Boden betreten, die natürlichen Kräfte und Rhythmen
Beruf	Kreativität, Veränderung, Entfaltung
Beziehung	Lebendigkeit, neue Beziehung, Zuwachs
Bewußtsein	Neue Einsichten, Veränderung der Weltsicht
Spirituell	Einblick in die Vielfalt
Ziel	Das Leben bewahren
Schatten	Wildwuchs, Willkür, Gier
Umgekehrt	Unfruchtbarkeit, Entbehrung
3 als Quintessenz	Der lebendige Weg der Veränderung, des Neuen und des Wachstums

Der HERRSCHER

Der HIEROPHANT

IV Der Herrscher

Archetyp	Der Vater
Allgemein	Stabilität, Ordnung, Kontinuität, praktische Intelligenz, Disziplin
Beruf	Tüchtigkeit, Klarheit der Ziele, Erfolg
Beziehung	Gefestigte Beziehung, Sicherheit
Bewußtsein	Verwirklichung von Vorsätzen und Ideen
Spirituell	Strukturierung der Vielfalt
Ziel	Erreichtes verteidigen, Garantie für Sicherheit und Ordnung
Schatten	Rigide Strenge, Perfektionismus, Despot
Umgekehrt	Unreife, Unbeherrschtheit, Lärm um nichts
4 als Quintessenz	Der pragmatische Weg der Ordnung, Klarheit und der Wirklichkeit

V Der Hierophant

Archetyp	Der Heilige
Allgemein	Einsicht, Vertrauen, Gewißheit, Tugend, guter Rat (Schutzkarte)
Beruf	Berufung, Wissen um den Sinn des Tuns
Beziehung	Gegenseitiges Vertrauen, Heirat
Bewußtsein	Den Sinn des Lebens suchen und finden
Spirituell	Die eigene (subjektive) Wahrheit finden
Ziel	Tiefe innere Gewißheit durch Vertrauen in das Höhere
Schatten	Scheinheiligkeit, Heuchelei, Glaubenskrieger, Prinzipienreiter
Umgekehrt	Unehrlichkeit, Verdrehung, Geschwätz
5 als Quintessenz	Der vertrauensvolle Weg der Wahrheit und der inneren Gewißheit

VI Die Liebenden

Archetyp	Der Scheideweg
Allgemein	Freie Entscheidung, Bejahung aus vollem Herzen, große Liebe und Treue
Beruf	Mit dem Herzen bei seiner Aufgabe sein
Beziehung	Beglückende Erfahrung, Entschiedenheit
Bewußtsein	Individuelles Bewußtsein
Spirituell	Einsicht in den Reichtum freiwilliger Selbstbeschränkung
Ziel	Vereinigung der Gegensätze
Schatten	Halbherzigkeit, Entscheidungsschwäche
Umgekehrt	Falsche Wahl, Zögern, Untreue
6 als Quintessenz	Der liebevolle Weg der klaren Entscheidung und des gegenseitigen Vertrauens

VII Der Wagen

Archetyp	Der Aufbruch des Helden
Allgemein	Mut, Zuversicht, Aufbruchsstimmung, Unternehmungslust, Risikofreude
Beruf	Neubeginn, Beförderung, Selbständigkeit
Beziehung	Neue Verbindung, »frischer Wind«
Bewußtsein	Starkes Selbstbewußtsein
Spirituell	Erweiterung der Horizonte
Ziel	»Die Hebung des Schatzes«, »Die Befreiung der schönen Gefangenen«
Schatten	Leichtsinn, Größenwahn, Rücksichtslosigkeit, die Kontrolle verlieren
Umgekehrt	Scheitern, zaudern, nicht loskommen
7 als Quintessenz	Der heldenhafte Weg des zuversichtlichen Aufbruchs und des großen Sprungs nach vorne

VIII Kraft

Archetyp	Der Kampf mit dem Drachen
Allgemein	Mut, Vitalität, Energie, Leidenschaft, die »Krallen zeigen«
Beruf	Engagement, Erfolg, Kampfbereitschaft
Beziehung	Leidenschaftlichkeit, Dramatik
Bewußtsein	Passioniertes Denken, Charisma
Spirituell	Ausgleich zwischen Geist und Instinkt
Ziel	Annahme und Wandlung niederer Kräfte
Schatten	Sensationslust, Schadenfreude, Brutalität
Umgekehrt	Scheitern guter Vorsätze, Haltlosigkeit
11 als Quintessenz[28]	Der leidenschaftliche Weg des Mutes, der Stärke und der vitalen Lebensfreude, der zu tiefem Verständnis und zu Vertrauen in die innere Stimme führt (2 = Hohepriesterin)

---

[28] Wie bereits erwähnt, ist bei den hier abgebildeten Karten die klassische Zählfolge verändert worden. Mir erscheint die alte Zählweise folgerichtiger, weshalb ich im Gegensatz zu den aufgedruckten Zahlenwerten die Karte »Kraft« mit 11 und die Karte »Gerechtigkeit« mit 8 zähle. Das gilt beim Zusammenzählen der Karten zur Ermittlung der Quintessenz und natürlich auch, wenn die Zahlen 8 oder 11 selbst die Quintessenz sind.

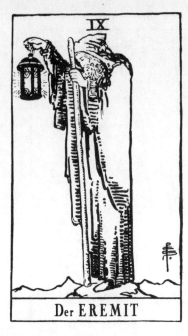

IX Der Eremit

Archetyp	Der alte, weise Mann
Allgemein	Allein sein, in sich gehen, abschalten, Stille, Selbstfindung, Askese, Ernst
Beruf	Überprüfung alter Ziele und Ansichten
Beziehung	In sich oder in der Zweisamkeit ruhen
Bewußtsein	Sich von fremdem Gedankengut abschirmen
Spirituell	Kristallisation des eigenen Willens
Ziel	Authentisch sein, den eigenen Weg gehen
Schatten	Selbstbespiegelung, Verbitterung, Gram
Umgekehrt	Isolation, Uneinsichtigkeit
9 als Quintessenz	Der besonnene Weg der tiefen Selbsterkenntnis und der weisen Bescheidenheit

X Rad des Schicksals

Archetyp	Fortuna
Allgemein	Schicksalhafte Aufgaben und Erfahrungen, unerwartete Wendungen, Notwendigkeiten, Glücksfälle, Zwangsläufigkeiten, neuer Kreislauf
Beruf	Machtlosigkeit, Routine, Vorbote einer Veränderung
Beziehung	Schicksalhafte Verbindung
Bewußtsein	Erkenntnis des höheren Gesetzes
Spirituell	Begegnung mit nichtintegrierten Seiten
Ziel	Die Wandlung des Niederen zu Höherem
Schatten	Fatalismus, Resignation, Entwicklungsangst
Umgekehrt	Abstieg, Ende eines Zyklus
10 als Quintessenz	Der unabwendbare Weg des Schicksals und der Einsicht in die Notwendigkeiten, der zur Meisterung des Schicksals (1 = Magier) führt

XI Die Gerechtigkeit

Archetyp	Der Richter	**Ziel**	Objektive Erkenntnis, ausgewogenes Urteil
Allgemein	Gleichgewicht, Fairneß, Urteilskraft, größtmögliche Objektivität, vernünftige Entscheidung	**Schatten**	Selbstgerechtigkeit, »Law and Order«
		Umgekehrt	Unrecht, Vorurteil, Wankelmut
Beruf	Die Ernte dessen, was wir gesät haben	**8 als Quintessenz**[29]	Der selbstverantwortliche Weg der Ausgewogenheit und der Fairneß
Beziehung	Ebenbürtigkeit, Kräftegleichgewicht		
Bewußtsein	Nüchternes, sachliches Urteilsvermögen, abwägen		
Spirituell	Erfahrung der Selbstverantwortlichkeit		

---

29 Wie bereits erwähnt, ist bei den hier abgebildeten Karten die klassische Zählfolge verändert worden. Mir erscheint die alte Zählweise folgerichtiger, weshalb ich im Gegensatz zu den aufgedruckten Zahlenwerten die Karte »Kraft« mit 11 und die Karte »Gerechtigkeit« mit 8 zähle. Das gilt beim Zusammenzählen der Karten zur Ermittlung der Quintessenz und natürlich auch, wenn die Zahlen 8 oder 11 selbst die Quintessenz sind.

XII Der Gehängte

Archetyp	Das Opfer, das Gefängnis	**12 als Quint-**	Der einleuchtende Weg aus der
Allgemein	Krise, Festsitzen, in der	**essenz**	Klemme und der völlig verän-
	Klemme stecken, krank sein,		derten Betrachtungsweise, der
	büßen, Stagnation, umdenken		nach einer Ruhepause zu
Beruf	Stillstand, Flaute, Verzicht		neuem fruchtbaren Boden füh-
Beziehung	An den Status quo ausgeliefert		ren wird (3 = Herrscherin)
	sein		
Bewußtsein	Tiefste Einsicht, neue Weltsicht		
Spirituell	Initiation, Wegweiser der Weis-		
	heit		
Ziel	Besinnung, Lebensumkehr,		
	Erlösung		
Schatten	Resignation, sich hängen		
	lassen		
Umgekehrt	Uneinsichtigkeit, Verneinung		
	der Reife		

XIII Tod

Archetyp	Der Tod
Allgemein	Das große Loslassen, natürliches Ende, ersehnter oder gefürchteter Abschied, Verlust
Beruf	Ende der bisherigen Tätigkeit
Beziehung	Ende einer Phase, Abschied vom Gefährten
Bewußtsein	Einsicht in die Endlichkeit
Spirituell	Aufgabe des alten Selbst- oder Weltbildes
Ziel	Heim gehen, Platz schaffen für das Neue
Schatten	Sich tot stellen, Todesangst
Umgekehrt	Anhaltender Stillstand, willkürliches Ende
13 als Quintessenz	Der schmerzvolle Weg des Abschieds und des großen Loslassens, der nach Auflösung des Alten zu neuen Strukturen und neuen Wirklichkeiten führt (4 = Herrscher)

XIV Die Mäßigkeit

Archetyp	Harmonie
Allgemein	Gelassenheit, das rechte Maß, Frieden, gesund sein, Heilung, sich und andere mögen
Beruf	Freude am Tun, angenehmes Arbeitsklima
Beziehung	Einklang, liebevolle Zuneigung
Bewußtsein	Ganzheitliches Denken
Spirituell	Erkenntnis der ursprünglichen Harmonie
Ziel	Frieden, heil sein
Schatten	Spießertum, Angepaßtheit, Konfliktvermeidung
Umgekehrt	Unausgeglichenheit, Faulheit
14 als Quintessenz	Der fröhliche Weg der inneren Gelassenheit und der tiefen Harmonie, der dazu führt, den verborgenen Sinn (des eigenen Lebens) zu verstehen (5 = Hierophant)

XV Der Teufel

Archetyp	Der Versucher, das Böse, das Laster
Allgemein	Verlockung, Verführung, Abhängigkeit, Sucht, Unmäßigkeit, Besessenheit, gegen die eigenen Vorsätze verstoßen, Verrat
Beruf	In Abhängigkeit stehen, unsaubere Geschäfte im weißen Gewand, Erpreßbarkeit
Beziehung	Verstrickung, Hörigkeit, Machtmißbrauch, Lüsternheit
Bewußtsein	Begegnung mit der Schattenseite
Spirituell	Die Feuerprobe für unsere Überzeugungen
Ziel	Macht, Abhängigkeiten schaffen
Schatten	Diese Karte verkörpert den Schatten selbst, ihre lichte Seite ist die Überwindung des Niederen
Umgekehrt	Heilung, Besinnung, Freiheit
15 als Quintessenz	Der gefährliche Weg der lockenden Versuchung und der menschlichen Schwächen, der über die Begegnung mit dem eigenen Schatten aus Abhängigkeit zu wahrer Freiheit der Entscheidung führt (6 = Liebende)

Der TURM

XVI Der Turm

Archetyp	Erdbeben, Zerstörung	**16 als Quint-**	Der erschütternde Weg der
Allgemein	Umbruch, Katastrophe, Erschütterung, Unfall, gescheiterte Hoffnung, »eine Bombe hochgehen lassen«, Scherbenhaufen	**essenz**	durchschlagenden Erkenntnis und der überraschenden Befreiung, der aus alten Verkrustungen zu neuem Aufbruch führt (7 = Wagen)
Beruf	Kündigung, Skandal, plötzlicher Wechsel		
Beziehung	Überraschende Trennung, schockierende Nachricht		
Bewußtsein	Scheitern fixer Ideen, blitzartige Erkenntnisse		
Spirituell	Aufbrechen von Verkrustungen		
Ziel	Durchbruch zur Freiheit		
Schatten	Zerstörungswut, Grausamkeit		
Umgekehrt	Untergang des Intellekts		

XVII Der Stern

Archetyp	Hoffnung, die Wasser des Lebens
Allgemein	Zukunft, Zuversicht, langfristig günstige Entwicklung, Glück, (Schutzkarte)
Beruf	Erfolg, aussichtsreiche Tätigkeit
Beziehung	Die glückliche Verbindung voller Zukunft
Bewußtsein	Erweiterte Horizonte, Weitblick
Spirituell	Einsicht, Weisheit
Ziel	Vertrauen in die kosmische Ordnung
Schatten	Wichtiges stets auf morgen verschieben
Umgekehrt	Zweifel, Aussichtslosigkeit, Pech

17 als Quintessenz Der weise Weg des Vertrauens in die Zukunft und der Einsicht in die kosmische Ordnung, der zu ausgewogenem und überlegtem Urteil führt (8 = Gerechtigkeit)

XVIII Der Mond

Archetyp	Die Nacht, die Mächte der Finsternis
Allgemein	Unsicherheit, Angst, Unklarheit, Alpträume, Bilder der Seele, Sehnsüchte, Träume
Beruf	Ängstlichkeit, Lampenfieber, Unklarheit
Beziehung	Ungestillte Sehnsüchte, Eifersucht
Bewußtsein	Gesteigerte Kräfte des Unbewußten
Spirituell	Der Abstieg in die Unterwelt
Ziel	Tiefste Einsichten und Selbsterkenntnisse
Schatten	Auflösung, sich selbst verlieren
Umgekehrt	Illusion, Halluzination, Enttäuschung

18 als Quintessenz Der unheimliche Weg in die Abgründe der Seele und in das Reich der ewigen Finsternis, der mit Hebung des schwarzen Goldes zu tiefster Selbsterkenntnis und weiser Bescheidenheit führt
(9 = Eremit)

XIX Die Sonne

Archetyp	Der Tag, die Mächte des Lichts	**19 als Quintessenz**	Der glanzvolle Weg des Erfolges und der siegreichen Bahn der Sonne, der über die Einsicht in die Notwendigkeiten (10 = Schicksalsrad) zur Meisterung des Schicksals führt (1 = Magier)
Allgemein	Lebendigkeit, Lebensbejahung, Vitalität, Großzügigkeit, Wärme, Frische, Selbstvertrauen		
Beruf	Zuversicht, Erfolg, Glänzen		
Beziehung	Wärme, Versöhnung, Bestätigung		
Bewußtsein	Aufblühen der sonnenhaften Natur, des Selbst		
Spirituell	Die wiedergefundene Schlichtheit		
Ziel	Erlösung/Überwindung des Dunklen in uns		
Schatten	Blendwerk, Vordergründigkeit, Ausdörrung		
Umgekehrt	Angeberei, Egoismus, Naivität		

XX Das Gericht

Archetyp	Die Hebung des Schatzes, die Erlösung, der rettende Kuß	**20 als Quintessenz**	Der befreiende Weg der Erlösung und der Hebung des Schatzes, der zu tiefer Dankbarkeit und zum Vertrauen in die innere Stimme führt (2 = Hohepriesterin)
Allgemein	Auferstehung, Wiederbelebung, Sieg des Guten, sanfte Geburt oder Befreiung, das Wahre		
Beruf	Guter Abschluß, Erlösung, Berufung		
Beziehung	Die wahre Verbindung, der »Schatz«		
Bewußtsein	Reifen, tiefes Verstehen, Freiheit		
Spirituell	Gewahrwerden der göttlichen Natur		
Ziel	Befreiung vom bisherigen Los (Erlösung)		
Schatten Umgekehrt	»Der Sturm im Wasserglas« Selbsttäuschung, Gefangenschaft		

XXI Die Welt

Archetyp	Das wiedergefundene Paradies, die Königskrönung des Helden
Allgemein	Am Ziel sein, seinen Platz finden, den Höhepunkt erleben, die glückliche Vollendung, Harmonie, Reisen
Beruf	Berufung, seine Aufgabe finden
Beziehung	Die Lebensgemeinschaft, Einklang, Glück
Bewußtsein	Vordringen zur entscheidenden Einsicht
Spirituell	Meistern innerer Widersprüche
Ziel	Wiederherstellung der uranfänglichen Einheit
Schatten	Weltflucht, Verirrungen, Abwege
Umgekehrt	Unbeweglichkeit, nachlassender Schwung
21 als Quintessenz	Der glückliche Weg ins wiedergefundene Paradies, der zu neuem, fruchtbarem Boden führt (3 = Herrscherin)

As der Stäbe

Allgemein	Chance der Selbstentfaltung, Gelegenheit, Mut, Risikofreude, Unternehmungslust und Willenskraft zu beweisen
Beruf	Chance der Selbstverwirklichung, Ehrgeiz, Motivation, Unternehmungslust
Beziehung	Lebendigkeit, Begeisterung, Hitzigkeit
Bewußtsein	Überzeugungskraft, Selbstsicherheit
Ziel	Wachstum und Selbstentfaltung
Schatten	Hitzigkeit, Voreiligkeit, Aktivismus
Umgekehrt	Geistige Leere, Stillstand, Vermessenheit

2 der Stäbe

Allgemein	Indifferenz, Lippenbekenntnisse, farblose Neutralität, Drückebergerei
Beruf	Mangelndes Engagement, Unentschlossenheit
Beziehung	Halbherzigkeit, blasse Gefühle
Bewußtsein	Lethargie, Standpunktlosigkeit
Ziel	Engagement, Bekennermut, Charisma
Schatten	Angepaßtheit, Scheinzufriedenheit
Umgekehrt	Überraschungen, Erstaunen, Scheinerfolg

3 der Stäbe

Allgemein	Festes Stehvermögen in Verbindung mit sehr erfreulichen Aussichten, Zuversicht, Sicherheit und Erfolg
Beruf	Gute Basis, Ausbau langfristiger Perspektiven
Beziehung	Sichere, aussichtsreiche Beziehung
Bewußtsein	Auseinandersetzung mit dem Lebensziel
Ziel	Weitblick, Zuversicht
Schatten	Sich in der Zukunft verlieren
Umgekehrt	Vorsätze platzen wie Seifenblasen

4 der Stäbe

Allgemein	Frieden, Freude, Harmonie, willkommen sein oder andere willkommen heißen
Beruf	Gute Motivation, neue Kontakte, neue Wege
Beziehung	Einklang, Geborgenheit, Frohsinn
Bewußtsein	Offenheit, neue Anregungen suchen
Ziel	Aus sich herausgehen
Schatten	Gespielte Offenheit, Snobismus
Umgekehrt	Die Bedeutung bleibt unverändert

5 der Stäbe

Allgemein	Herausforderung, Wettkampf, spielerischer Streit, Kräftemessen
Beruf	Konkurrenz, ungewohnte Aufgabenstellung
Beziehung	Sich miteinander messen, zusammenraufen
Bewußtsein	Um (neue) Überzeugungen ringen
Ziel	Das eigene Können unter Beweis stellen
Schatten	Scheinkampf, Gschaftlhuberei
Umgekehrt	(Rechts-)Streit, Betrügerei

6 der Stäbe

Allgemein	Sieg, Anerkennung, gute Nachrichten, erfreuliche Rückkehr
Beruf	Erfolg, Popularität, Beförderung
Beziehung	Problemlösung, gute Nachrichten, Glück
Bewußtsein	Der Wandel vom Verlierer zum Gewinner
Ziel	Zuversicht und Selbstvertrauen verbreiten
Schatten	Angeberei, Voreiligkeit
Umgekehrt	Furcht, Verzögerungen, Verrat, Untreue

 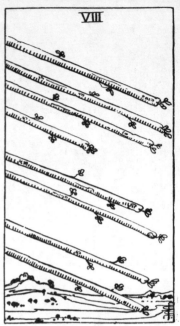

7 der Stäbe

Allgemein	Auseinandersetzung, Neid und Mißgunst anderer, sich verteidigen müssen
Beruf	Ellenbogenkämpfe, harte Marktbedingungen
Beziehung	Streit, Bedrohung der Beziehung durch Dritte
Bewußtsein	Wegen seiner Überzeugungen Angriffe erleben
Ziel	Probe der Standfestigkeit und Wachheit
Schatten	Ein vom Zaun gebrochener Streit
Umgekehrt	Ratlosigkeit, Sorge, sich zuviel zutrauen

8 der Stäbe

Allgemein	Hinweis auf baldiges Eintreffen, etwas liegt in der Luft
Beruf	Überraschender Erfolg, günstige Einflüsse
Beziehung	Die Pfeile der Liebe, gute Schwingungen
Bewußtsein	Unerwartete Impulse, große Hoffnungen
Ziel	Das Neue bringen
Schatten	Leichtfertigkeit, Voreiligkeit, Energieverschwendung
Umgekehrt	Eifersucht, Gewissensbisse, Zweifel

9 der Stäbe

Allgemein	Verhärtung, Trotzhaltung, sich auch dort bedroht fühlen, wo es keine Bedrohung gibt
Beruf	Veränderungsunwilligkeit, sich ohne Grund ängstigen
Beziehung	Verhärtete Fronten, die Angst des »gebrannten Kindes«
Bewußtsein	Lernunwilligkeit, Starrsinn
Ziel	Alte Narben schonen, einen einmal begonnenen Weg unbeirrbar weitergehen
Schatten	Verbocktheit, Perfektionismus
Umgekehrt	Hindernisse, Unglück, Verzögerungen

10 der Stäbe

Allgemein	Überforderung, Bedrückung, mangelnde Perspektive, Bedrängnis, ungeschickte Handhabung, alles allein machen wollen
Beruf	Übergroße Verantwortung, Frondienst
Beziehung	Tiefe Bedrückung, Hoffnungslosigkeit
Bewußtsein	Überlastung, mit dem Leben nicht fertig werden
Ziel	In die neue Dimension (Verantwortung) hineinwachsen, lernen, etwas abzugeben
Schatten	Sich im Aussichtslosen verkrampfen
Umgekehrt	Widersprüche, Störungen, Lügen

BUBE der STÄBE

RITTER der STÄBE

Bube der Stäbe*

Allgemein	Der Bube bietet eine Chance, einen mitreißenden Impuls oder Vorschlag, den der Frager mit Begeisterung aufnehmen kann
Beruf	Neue Aufgabe oder Position (z. B. im Ausland)
Beziehung	Erfrischender Impuls, gemeinsamer Urlaub
Bewußtsein	Wesentliche Anregung für unsere Überzeugungen erhalten
Ziel	Lebendigkeit und Lebensfreude
Schatten	Strohfeuer, riskantes Unterfangen
Umgekehrt	Schlechte Nachricht, Irreführung

Ritter der Stäbe

Allgemein	Der Ritter steht für eine heiße bis hitzige Stimmung voller Ungeduld und Erlebnishunger
Beruf	Eifer, Voreiligkeit, Risikofreude
Beziehung	Heißblütigkeit, Leidenschaft, Streit
Bewußtsein	Sturm und Drang, Begeisterungsfreude
Ziel	Wärme, Lebensbejahung, Erlebnisfülle
Schatten	Gefährliche, brenzlige Situationen, Unruhe stiften, Zerstörung
Umgekehrt	Entfremdung, Trennung, vorsätzlicher Streit

* Zur Besonderheit der Hofkarten (Bube, Ritter, Königin, König) siehe S. 19.

KÖNIGIN der STÄBE

KÖNIG der STÄBE

Königin der Stäbe

Allgemein	Eine Frau in der Art des Feuerelements: temperamentvoll, willensstark, energisch, idealistisch, kämpferisch, begeisterungsfähig, mutig, unternehmungslustig, selbstbestimmt
Bilder	Amazone, Kampfgefährtin, Jeanne d'Arc
Schatten	Dramakönigin, Luxusweib, selbstherrlich
Umgekehrt	Spröde, mißtrauisch, hinterlistig

König der Stäbe

Allgemein	Ein Mann in der Art des Feuerelements: willensstark, dynamisch, unternehmungslustig, begeisterungsfähig, temperamentvoll, mit Führungsanspruch, selbstbewußt
Bilder	Sonnenheld, Kämpfer, Ratgeber, König Artus, Barbarossa, Salomon
Schatten	Draufgänger, Heißsporn, Glücksritter, Überzeugungsfanatiker
Umgekehrt	Rücksichtslos, streng

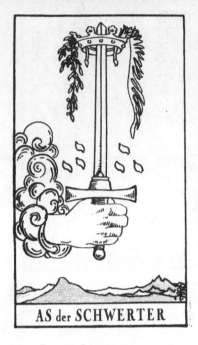

As der Schwerter

Allgemein	Chance, etwas zu klären, auf Distanz zu gehen, eine Situation kritisch zu prüfen, die Gelegenheit, zu einer klugen Erkenntnis oder Entscheidung zu gelangen
Beruf	Problemlösung, kritische Analyse
Beziehung	Nüchterne Klärung, offenes Gespräch
Bewußtsein	Krönende Erkenntnis, entscheidende Idee
Ziel	Klarheit, Wissen, Objektivität
Schatten	Kaltherzigkeit, Scharfzüngigkeit
Umgekehrt	Unrecht, mutwillige Zerstörung, Streitlust

2 der Schwerter

Allgemein	Hartnäckige Zweifel, Unentschlossenheit, die Schranken des Intellekts
Beruf	Zweifel über die weitere Vorgehensweise
Beziehung	Mangelndes Vertrauen in den Partner
Bewußtsein	Intellektuelle Verbohrtheit, Verzweiflung
Ziel	Durch methodischen Zweifel zu höherer Erkenntnis gelangen
Schatten	Die Karte selbst ist der dunkle Gegenpol zur Hohenpriesterin
Umgekehrt	Betrug, falsche Entscheidung, Gaunerei

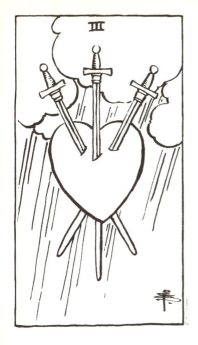 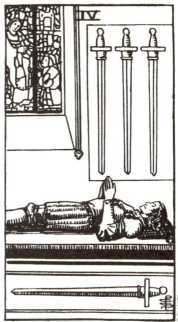

3 der Schwerter

Allgemein	Schmerzhafte Erkenntnis, Enttäuschung, kluge, aber schwere Entscheidung, Verzicht
Beruf	Ein harter Entschluß, schmerzende Kritik
Beziehung	Liebeskummer, Enttäuschung, Tränen
Bewußtsein	Sich einer unangenehmen Einsicht öffnen
Ziel	Weise Selbstbeschränkung
Schatten	Tyrannei des Verstandes über die Gefühle
Umgekehrt	Entfremdung, Fehler, Streit, Wortbruch

4 der Schwerter

Allgemein	Stillstand, Zwangspause, Krankheit, Isolation, verhinderte Aktivitäten
Beruf	Stagnation, Erschöpfung
Beziehung	Isolation, Askese, Vereinsamung
Bewußtsein	Geistige Abgespanntheit
Ziel	Aufforderung, dringend eine Pause zu machen und neue Kräfte zu sammeln
Schatten	Zwangsweise ruhiggestellt werden (z. B. durch Krankheit)
Umgekehrt	Weise Führung, Feigheit, Nervenschwäche

5 der Schwerter

Allgemein	Niederlage, Demütigung, Gemeinheit, Widerwärtigkeit, Niedertracht
Beruf	Verlust, Skrupellosigkeit, Kündigung
Beziehung	Scheitern, Herzlosigkeit, Sadismus
Bewußtsein	Destruktivität, Niedergeschlagenheit
Ziel	Warnung vor einer Falle
Schatten	Die Karte selbst ist ein Schattenthema
Umgekehrt	Unheil, Bosheit, Wendung zum Schlechten

6 der Schwerter

Allgemein	Aufbruch mit unsicheren Gefühlen, Veränderung, Umzug, Reise
Beruf	Wechsel des Aufgabenbereichs, Kündigung
Beziehung	Sich auf Neues einlassen
Bewußtsein	Alte Standpunkte aufgeben, vorsichtige Neuorientierung
Ziel	Aufbruch zu neuen Ufern
Schatten	Vagabundieren, heimatlos sein
Umgekehrt	Verzögerung, Aufforderung, durchzuhalten

7 der Schwerter

Allgemein	List und Tücke, sich davonstehlen, Mogelei, Betrug, sich drücken
Beruf	Unlautere Geschäfte, Intrigen, Gerissenheit
Beziehung	Einem klärenden Gespräch ausweichen, Verlogenheit, fremdgehen
Bewußtsein	Lebenslüge, sich vor Einsichten drücken
Ziel	Gerissenheit
Schatten	Die Karte stellt die Schattenseite des Magiers dar
Umgekehrt	Üble Nachrede, kurz vorm Ziel aufgeben

8 der Schwerter

Allgemein	Hemmung, Verbote, Verzicht, Beschränkung, etwas Wesentliches nicht ausleben können
Beruf	Sich fest »im Griff« haben, Durststrecke
Beziehung	Wichtige (Schatten-)Seiten verdrängen, Verklemmtheit
Bewußtsein	Kontrollierte Gefühle, Beklommenheit
Ziel	Die Karte kann das möglicherweise notwendige Sich-zusammenreißen zur Erreichung eines höheren Zieles anzeigen
Schatten	Tyrannei des Verstandes über die Gefühle
Umgekehrt	Mühe ohne Lohn, Widerstand, Verrat

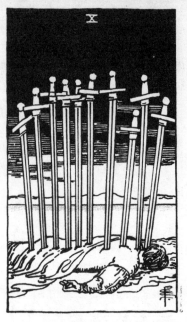

9 der Schwerter

Allgemein	Angst, Sorgen, Gewissensbisse, schlaflose Nächte, Alpträume, Verzweiflung
Beruf	Krise, Reue, Mißerfolg, Lampenfieber
Beziehung	Verlassenheit, Selbstzweifel, Kummer
Bewußtsein	Qualvolle Gedanken, sich martern
Ziel	Angst als Wegweiser auf dem Weg der Reife
Schatten	Aufgeben, verzweifeln, Grausamkeit
Umgekehrt	Bosheit, üble Nachrede, Schande

10 der Schwerter

Allgemein	Willkürliches Ende, Schlußstrich, Tod, »Tabula rasa«
Beruf Beziehung	Kündigung, abrupter Wechsel »Schluß machen«, sich gewaltsam lösen
Bewußtsein	Gewaltsame, demonstrative Abkehr, brutale Lösung
Ziel	Endgültige, bewußte Trennung oder Absage
Schatten Umgekehrt	Grausamkeit, Zerstörungswut Vorübergehender Vorteil, scheinbare Besserung

Bube der Schwerter*

Allgemein	Chance, etwas zu klären, wahrscheinlicher aber ein heraufziehender Konflikt
Beruf	Eine drohende Auseinandersetzung, Kritik
Beziehung	Krise, Streit, klärende Aussprache
Bewußtsein	Diskussionen, schmerzhafte Einsichten
Ziel	Klarheit, Einsicht, Objektivität
Schatten	Sinnlose Sticheleien, Boshaftigkeit
Umgekehrt	Mißerfolg, Unredlichkeit

Ritter der Schwerter

Allgemein	Nüchterne, kalte, frostige Stimmung, Temperatursturz, Agressivität, eiskaltes Taktieren
Beruf	Schlechtes Arbeitsklima, Konflikte, Scheitern
Beziehung	Krise, Streitlust, üble Gemeinheiten
Bewußtsein	Kühles bis eiskaltes Berechnen
Ziel	Emotionslose Auseinandersetzung
Schatten	Willkürliche Zerstörungswut
Umgekehrt	Unvorsichtigkeit, Rivalität, Angeberei

---

* Zur Besonderheit der Hofkarten (Bube, Ritter, Königin, König) siehe S. 19.

Königin der Schwerter

Allgemein	Eine Frau in der Art des Luftelements: cool bis kühl, geistreich, gewitzt, unabhängig, schlau, charmant, wortgewandt, clever, berechnend, distanziert, spröde. Die Frau, die sich kraft ihres Verstandes aus Abhängigkeiten befreit hat
Bilder	Windsbraut, Lorelei, Sirene, »die Blonde«
Schatten	Die Kaltherzige, Berechnende, Zynikerin
Umgekehrt	Herrisch, scheinheilig, Klatschweib

König der Schwerter

Allgemein	Ein Mann in der Art des Luftelements: kühl und klar, verstandesbetont, geistreich, unterhaltsam, kritisch, clever, sachlich, distanziert, unbeständig. Der objektive, fachkundige Berater
Bilder	Der listenreiche Odysseus, der ewig junge Adonis, der nur sich selbst liebende Narziß
Schatten	Der Spötter, Zyniker, der eiskalte Geschäftemacher
Umgekehrt	Grausamkeit, Sadismus

As der Münzen

Allgemein	Eine wertvolle Chance oder eine Gelegenheit, inneren wie äußeren Reichtum zu finden. Eine Chance, die großes Glück verheißt, aber entdeckt werden will
Beruf	Stabilität, Erfolg, Sicherheit, Geld, Zufriedenheit, Anerkennung
Beziehung	Glück und Beständigkeit
Bewußtsein	Wertvolle Erkenntnisse, Ideen, Lösungen
Ziel	Innerer und äußerer Reichtum, Stabilität
Schatten	Äußerer Glanz, glückloser Reichtum
Umgekehrt	Materialismus, geistige Armut, Geiz

2 der Münzen

Allgemein	Flexibilität, spielerische Unentschlossenheit, mit der Strömung gehen, Leichtherzigkeit, instinktives Vertrauen
Beruf	Wendigkeit, lockere bis leichtsinnige Haltung
Beziehung	Sorglose Verspieltheit, Wankelmut
Bewußtsein	Unkomplizierte Unbeschwertheit
Ziel	Weisheit des Narren
Schatten	Angepaßtheit, Standpunktlosigkeit, Wankelmut, Hampelmann, Leichtsinn
Umgekehrt	Vorgetäuschte Freude, Unbeständigkeit

3 der Münzen

Allgemein	Fortschritt, Prüfungen bestehen, sein Können unter Beweis stellen, Betreten einer neuen (geheimnisvollen) Ebene
Beruf	Beförderung, Ende einer Ausbildung
Beziehung	Überwindung von Krisen, neue Stabilität
Bewußtsein	Neues Wachstum, Selbstverwirklichung
Ziel	Eindringen in tiefere Geheimnisse
Schatten	Selbstbeweihräucherung, Überheblichkeit
Umgekehrt	Mittelmäßigkeit, Stumpfsinn, Albernheit

4 der Münzen

Allgemein	Hamstern, Geiz, fragwürdiges, übertriebenes Sicherheitsbedürfnis, festhalten, Zwanghaftigkeit
Beruf	Sicherheit zu Lasten von Lebendigkeit
Beziehung	Klammern, Tyrannei, Verlassenheitsängste
Bewußtsein	Fixe Idee, Verbohrtheit, Unbeirrbarkeit
Ziel	Stabilität, auf »Nummer Sicher« gehen
Schatten	Habgier, im »vertrauten Elend« verharren
Umgekehrt	Verlust von Zeit, Geld und Lebensfreude

5 der Münzen　　　　6 der Münzen

Allgemein	Krise, Entbehrung, Engpaß, Durststrecke, brüchiger Boden, Armut, Risiken eingehen	**Allgemein**	Großzügigkeit, schenken und beschenkt werden, Toleranz, Hilfsbereitschaft, Wohlstand, Menschenfreundlichkeit
Beruf	Probleme, Unsicherheit, Angst vor Verlust	**Beruf**	Unterstützung finden, belohnt werden
Beziehung	Verlassenheit, Umbruch, Härtetest	**Beziehung**	Verständnis, Toleranz, sich gegenseitig helfen
Bewußtsein	Wandlungskrise, Armutsbewußtsein	**Bewußtsein**	Großmut, sich seines Reichtums bewußt werden
Ziel	Erfahrungszuwachs aus Wachstumskrisen	**Ziel**	Überwindung von Krisen, andere fördern
Schatten	Scheitern, Zusammenbruch, Bankrott	**Schatten**	Großspurigkeit, aufgesetzte Gönnerpose
Umgekehrt	Der eingeschlagene Weg führt zum Ruin	**Umgekehrt**	Verschwendung, Gier, Schulden

7 der Münzen

Allgemein	Geduld, langsames, aber nachhaltiges Wachstum, Zeit des Reifens
Beruf	Beständige Wachstumsphase, Geduld bringt Erfolg
Beziehung	Stabilität und Wachstum, Schwangerschaft
Bewußtsein	Geduldsproben, langsam reifende Erkenntnisse
Ziel	Eine reiche Ernte als Lohn der Geduld
Schatten	Dickfälligkeit, Apathie, Unmut
Umgekehrt	Ungeduld und Voreiligkeit bringen Verluste

8 der Münzen

Allgemein	Anfang, neues Lernen, Schaffensfreude und Zuversicht, gute Fertigkeiten
Beruf	Beginn einer langfristig aussichtsreichen Aufgabe
Beziehung	Ein neuer Start, neue Impulse
Bewußtsein	Neues Lernen, Beginn einer neuen Phase
Ziel	Durch gewissenhaftes Lernen solide und dauerhafte Ergebnisse erreichen
Schatten	Schnell nachlassendes Interesse
Umgekehrt	Hohler Ehrgeiz, Stümperei, Pfuscherei

9 der Münzen

Allgemein	Gewinn, erfreuliche Überraschung, plötzliche Besserung, günstige Wendung
Beruf	Erfolg, Beförderung, Gehaltserhöhung
Beziehung	Die beglückende Begegnung
Bewußtsein	Sich plötzlich seines Reichtums und seiner Fähigkeiten bewußt werden
Ziel	Die Begegnung mit der Fülle
Schatten	Gewinnsucht, Vabanque spielen
Umgekehrt	Unredlicher Gewinn, leere Hoffnungen

10 der Münzen

Allgemein	Reichtum, Sicherheit, Stabilität, Erfolg, solides Fundament
Beruf	Erfüllung, innerer und äußerer Reichtum
Beziehung	Stabilität, Familienglück, ein Zuhause finden
Bewußtsein	Gedankenreichtum, gesicherte Erkenntnisse
Ziel	Augen öffnen für den Reichtum des Alltags
Schatten	Der goldene Käfig, an Geld kleben
Umgekehrt	Verluste, vermeintliche Sicherheit

Bube der Münzen*

Allgemein	Eine gute Gelegenheit, die sich bietet, ein handfester Vorschlag, ein wertvoller Impuls für den Frager
Beruf	Ein solider Vorschlag, ein lukratives Angebot
Beziehung	Eine bereichernde Begegnung, eine ehrliche, wertvolle Geste des Partners
Bewußtsein	Konkrete Anstöße von anderen erhalten
Ziel	Zu beständigen Ergebnissen gelangen
Schatten	Bestechungsversuch, unseriöse Angebote
Umgekehrt	Falscher Umgang mit Geld, Täuschung

Ritter der Münzen

Allgemein	Solide, gediegene Stimmung von Fleiß und Ausdauer, gewachsene, werthaltige Basis
Beruf	Wertvolle Arbeit, solide Geschäfte
Beziehung	Vertrautheit, feste, sinnliche Beziehung
Bewußtsein	Klarer Realitätssinn, Unbeirrbarkeit
Ziel	Reife, Beständigkeit, gewachsener Erfolg
Schatten	Sturheit, Phlegma, am Überholten kleben
Umgekehrt	Faulheit, Stagnation, Schwerfälligkeit

* Zur Besonderheit der Hofkarten (Bube, Ritter, Königin, König) siehe S. 19.

Königin der Münzen

Allgemein Eine Frau in der Art des Erdelements: bodenständig, verläßlich, wirklichkeitsnah, gutmütig, fleißig, fruchtbar, patent und sinnesfroh
Bilder Die gute Mutter, Demeter, die Bäuerin, die Marketenderin, »Mutter Courage«
Schatten Die Stiefmutter, das gierige, derbe, engstirnige Weib
Umgekehrt Korrupt, materialistisch, böse

König der Münzen

Allgemein Ein Mann in der Art des Erdelements: geschäftstüchtig, pragmatisch, zuverlässig, erdverbunden, sinnlich, genießerisch
Bilder Der Patriarch, der reiche Krösus oder der lustvolle Dionysos, der Bauer, der Händler
Schatten Schacherer, Geizhals, Tyrann, Lustmolch
Umgekehrt Schwerfällig, bestechlich, verkrustet

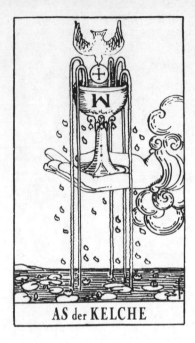

As der Kelche

Allgemein	Chance, zu höchstem Glück zu finden, zu tiefer Erfüllung, Harmonie und Vollendung
Beruf	Wahre Berufung, Anerkennung, Erfüllung
Beziehung	Große Liebe, Vertrautheit, tiefes Glück
Bewußtsein	Mystische Einswerdung, Erlebnis der Gnade
Ziel	Erleuchtung, Wandlung, Vollendung, Glaube
Schatten	Die Chance vertun oder verpassen
Umgekehrt	Heuchelei, Verzweiflung, Mangel an Liebe

2 der Kelche

Allgemein	Die liebevolle Begegnung, willkommen sein, aufeinander zugehen
Beruf	Guter Teamgeist, Verständnis, Unterstützung
Beziehung	Sich verlieben, sich versöhnen
Bewußtsein	Die Begegnung suchen, Nächstenliebe
Ziel	Harmonie, Frieden, Liebe
Schatten	Gespielte, geheuchelte Sympathie
Umgekehrt	Trennung, Verrat, Indiskretionen

3 der Kelche

Allgemein	Erfolg und Dankbarkeit, Genesung, seine Freude mit anderen teilen
Beruf	Aufgaben und Prüfungen bestehen, Beförderung, Zufriedenheit
Beziehung	Hochzeit, Mutterschaft, großes Glück
Bewußtsein	Tiefe Dankbarkeit erleben
Ziel	Wahre Lebensfreude
Schatten	Aufgesetzte Freude, voreiliger Triumph
Umgekehrt	Begierde, Genußsucht, rohe Sinnlichkeit

4 der Kelche

Allgemein	Unmut, beleidigt sein, aus Verdrossenheit eine wertvolle Chance verpassen
Beruf	Überdruß, tiefe Verstimmung, Borniertheit
Beziehung	Schmollen, »dicke Luft«, Apathie
Bewußtsein	Krise des unerfüllten Lebens, Selbstekel
Ziel	Neue Lebenseinstellung, neuer Schwung
Schatten	Im Schmollwinkel wichtige Chancen vertun
Umgekehrt	Neue Beziehung, neue Wege gehen

5 der Kelche

Allgemein	Kummer, Verluste, Verlassenheit, Sorgen, gescheiterte Hoffnungen
Beruf	Probleme, Versagen, Verluste
Beziehung	Liebeskummer, Verlust des Partners, Enttäuschung, allein sein
Bewußtsein	Schmerzhafte Erkenntnisse, Verlassenheit
Ziel	Neubesinnung, große Veränderungen
Schatten	Gelähmt im Bannkreis der Krise verharren
Umgekehrt	Neue Verbindungen, Wiedervereinigung

6 der Kelche

Allgemein	Freudiger, teils auch wehmütiger Rückblick, sich alter Bilder, Wünsche, Pläne und Vorstellungen erinnern, Nostalgie
Beruf	Verträumtheit, Erinnerungen, die zu kreativem, künstlerischem Schaffen führen
Beziehung	In Erinnerungen schwelgen, sich (wehmütig) alter Wünsche erinnern, Verliebtheit
Bewußtsein	Sich besinnen, alte Bilder wachrufen
Ziel	Schönheit durch Kunst und Dichtung erschaffen
Schatten	Weltflucht, sich in der Vergangenheit verlieren, der ewig Gestrige
Umgekehrt	Rückwärts gehen, mangelnde Anpassung

7 der Kelche

Allgemein	Visionen, häufiger jedoch Schwärmerei, Illusionen, Wunschdenken
Beruf	Luftschlösser bauen, Scheingeschäfte
Beziehung	Verliebtheit, Schwärmerei, Rausch
Bewußtsein	Vision, die rosarote Brille, Weltflucht
Ziel	Klarsicht, die Erfolg verspricht, wenn der Frager sich auf nur ein Ziel konzentriert
Schatten	Täuschen oder selbst ein Opfer der Täuschung werden
Umgekehrt	Auf falsche Hoffnungen bauen

8 der Kelche

Allgemein	Aufbruch schweren Herzens, ins Ungewisse gehen, Aufbruch aus eigenem Entschluß
Beruf	Abschied, Kündigung, Umstellung
Beziehung	Trennung, eigene Wege gehen, Abnabelung
Bewußtsein	Loslassen liebgewordener Anschauungen und Verhaltensweisen
Ziel	Der Weg zur Freiheit
Schatten	Ewige Ruhelosigkeit, nie ankommen können
Umgekehrt	Nach dem Glück suchen, große Freude

9 der Kelche

Allgemein	Zufriedenheit, Lebensfreude, Geselligkeit, Sorglosigkeit, sich entspannen
Beruf	Guter Teamgeist, Spaß an der Arbeit
Beziehung	Fröhliche Zeiten, Herzlichkeit, tiefe Freundschaft
Bewußtsein	Sich der schönen Seiten des Lebens bewußt werden und genießen
Ziel	Innere Sicherheit und Lebensfreude
Schatten	Genußsucht, Prassen, Anbiederei
Umgekehrt	Selbstgefälligkeit, Dickfelligkeit

10 der Kelche

Allgemein	Großes Glück, tiefe Harmonie, Familienglück, emotionale Sicherheit
Beruf	Harmonie, wichtige Kontakte, Freude
Beziehung	Neue Freundschaft, Gefühlsreichtum, Verlobung, Heirat
Bewußtsein	Frieden und Eintracht, Menschenliebe
Ziel	Sich zu Hause fühlen, angekommen sein
Schatten	Kleinkariertes Glück
Umgekehrt	Ende einer Freundschaft, Streitereien

Bube der Kelche*

Allgemein	Eine freundliche Geste, die sich dem Frager bietet, eine gute Gelegenheit, die ihm schmeichelt, ihn beglückt
Beruf	Lob und Anerkennung, erfreulicher Impuls
Beziehung	Freundliche, versöhnliche Geste, Heiratsantrag, Chance, sich zu verlieben
Bewußtsein	Wohltuende Anregung durch andere
Ziel	Tiefe innere Berührung und Wandlung
Schatten	Die nur vage Chance, das unsichere Angebot, die Seifenblase, Verführung
Umgekehrt	Täuschung, Beeinflußbarkeit, Heuchelei

Ritter der Kelche

Allgemein	Freundliche, liebevolle, versöhnliche Atmosphäre, Harmonie und Verliebtheit
Beruf	Gute Laune, harmonisches Arbeitsklima
Beziehung	Verliebtheit, Geborgenheit, Frühling
Bewußtsein	Sich der Bilderwelt der Seele zuwenden
Ziel	Harmonie, Erfüllung, Weisheit
Schatten	Falschheit, Sentimentalität, Schleimerei
Umgekehrt	Schwindelei, Zweideutigkeit, List

* Zur Besonderheit der Hofkarten (Bube, Ritter, Königin, König) siehe S. 19.

KÖNIGIN der KELCHE

KÖNIG der KELCHE

Königin der Kelche

Allgemein	Eine Frau in der Art des Wasserelements: einfühlsam, sanft, medial, romantisch, hilfsbereit, gefühlvoll
Bilder	Königin der Gefühle, die gute Fee, die Helferin, die weise Frau
Schatten	Das boshafte, verräterische, falsche Weib, Circe, Hekate
Umgekehrt	Lasterhafte, ehrlose Frau

König der Kelche

Allgemein	Ein Mann in der Art des Wasserelements: gefühlsbetont, sanft, medial, romantisch, intuitiv
Bilder	König der Gefühle, der liebevolle, hilfreiche König, der alte Weise, Samariter
Schatten	Der Verräter, Scharlatan, Fanatiker
Umgekehrt	Boshafter, doppelzüngiger Mann

Bedeutungsunterschiede der Karten bei gleicher Thematik

Stichwort	Karte	Spezielle Bedeutung
Abenteuer	Narr	Der Abenteurer, Suche nach Abenteuern
	Wagen	Aufbruch zu neuen Abenteuern
	As Stäbe	Chance, ein Abenteuer zu erleben
	5 Stäbe	Ein Abenteuer wagen
	6 Stäbe	Ein Abenteuer bestanden haben
	7 Stäbe	In einem schweren Abenteuer stehen
	9 Stäbe	Sich einem Abenteuer verschließen
	Bube Stäbe	Einladung zu einem Abenteuer
	Ritter Stäbe	Vor Abenteuerlust platzen
Abhängigkeit	Teufel	Süchtig, abhängig, erpreßbar sein
	Turm	Gewaltsam aus Abhängigkeiten befreit werden
	Mond	Die Abgründe der Abhängigkeit erleben
	Gericht	Sanft aus Abhängigkeiten erlöst werden
	9 Stäbe	Sich gegen Abhängigkeit wehren
	As Schwerter	Chance der Klärung und der Befreiung
	3 Schwerter	Schmerzhafter Entschluß, Abhängigkeit zu überwinden
	5 Schwerter	Niederlagen, Bloßstellungen und Skandale
	8 Schwerter	Sich etwas verbieten, verkneifen
	9 Schwerter	Gewissensbisse, Verzweiflung
	10 Schwerter	Gewaltsam einen Schlußstrich ziehen
	8 Kelche	Sich schweren Herzens lösen
Abstinenz	→ Enthaltsamkeit	
Ahnen	→ Spüren	
Alkohol	→ Rausch	
Alleinsein	Eremit	Sich (in die Einsiedelei) zurückziehen, um zu sich selbst zu finden

Stichwort	Karte	Spezielle Bedeutung
	10 Stäbe	Glauben, alles allein machen zu müssen
	5 Kelche	Sich verlassen und alleingelassen fühlen
Alptraum	→ Traum	
Angst	Turm	Angstauslösender Umbruch, Erdrutsch
	Mond	Alpträume und Untiefen der Angst erleben
	9 Stäbe	Angst, Salz in alte Wunden zu bekommen
	7 Schwerter	Angst vor offener Auseinandersetzung
	8 Schwerter	Angst, zu sich zu stehen
	9 Schwerter	Angst der schlaflosen Nächte
	5 Münzen	Existenzängste
Arbeit	Magier	Aufgabe meistern, erfolgreich arbeiten
	Herrscher	Verantwortlich, strukturiert arbeiten
	5 Stäbe	Im Wettbewerb stehen
	7 Stäbe	Ellenbogenkämpfe, sich behaupten müssen
	10 Stäbe	Überfordert sein
	8 Münzen	Eine neue Arbeit beginnen
	Ritter Münzen	Arbeitsame Atmosphäre
	Bube Münzen	Ein Arbeitsangebot bekommen
Armut	Eremit	Freiwillige Armut, Bedürfnislosigkeit
	Turm	Verluste, die möglicherweise zu Armut führen
	8 Schwerter	Seelische Armut, innere Entbehrungen
	5 Münzen	Materielle Armut, äußere Entbehrungen
	6 Münzen	Erlösung aus der Armut
Askese	→ Enthaltsamkeit	

Stichwort	Karte	Spezielle Bedeutung
Aufbruch	Wagen	Zuversichtlicher Aufbruch
	6 Schwerter	Banger Aufbruch mit »weichen Knien«, Angst vor dem Kommenden
	8 Kelche	Aufbruch schweren Herzens, Schmerz über das Verlorene
Befreiung	Turm	Schockartiges Freiwerden
	Gericht	Sanfte Befreiung, Erlösung
Beherrschung	→ Disziplin	
Beruf	Welt	Seinen Beruf gefunden haben
	5 Stäbe	Durch Herausforderungen beruflich wachsen
	As Münzen	Chance, einen krisenfesten Beruf zu finden
	3 Münzen	Mit neuen Aufgaben betraut werden
	8 Münzen	Berufsanfang
	As Kelche	Chance, der wahren Berufung zu folgen
	Ritter Münzen	Stabiles, lukratives Berufsfeld
	Bube Münzen	Beruflich gute und verläßliche Offerte
	Bube Kelche	Beruflich reizvolle, aber nicht unbedingt verläßliche Offerte
Bescheidenheit	→ Demut	
Bewußt/unbewußt	Narr	Unschuldsbewußtsein, instinkthaftes unbewußtes Verhalten
	Magier	Solares Bewußtsein, Bewußtseinskraft
	Hohepriesterin	Lunares Bewußtsein, Macht des Unbewußten
	Herrscher	Verantwortungsbewußtsein
	Gerechtigkeit	Rechtsbewußtsein
	Gehängter	Bewußtseinswandel
	Tod	Bewußtsein der Endlichkeit
	Mond	Die Abgründe des Unbewußten
	As Stäbe	Chance der Bewußtseinsentfaltung

Stichwort	Karte	Spezielle Bedeutung
	As Schwerter	Chance zu bewußter, klarer Entscheidung
	2 Münzen	Unbewußt auf das Schicksal vertrauen
	3 Münzen	Eintritt in eine neue Bewußtseinsebene
Bösartigkeit	Teufel	Hinterhältige Verführung, bösartige Erpressung
	7 Stäbe	Gemeine, neiderfüllte Angriffe anderer
	5 Schwerter	Widerwärtige Auseinandersetzung, übler Tiefschlag
	7 Schwerter	Getäuscht, bestohlen oder betrogen werden
Chance[30]	As Stäbe	Chance zur Selbstentfaltung und -verwirklichung
	Bube Stäbe	Eine sich bietende Chance (Einladung oder Vorschlag) zu einem spannenden Unternehmen
	As Schwerter	Chance, etwas zu klären, etwas zu erkennen
	Bube Schwerter	Eine sich bietende Chance zu klärender Auseinandersetzung
	As Münzen	Chance, zu beständigem Glück zu kommen
	Bube Münzen	Eine sich bietende, verläßliche Chance, zu dauerhaftem Glück, beruflichem Erfolg usw. zu kommen
	As Kelche	Chance, seine Berufung, tiefste Erfüllung und höchstes Glück zu finden
	Bube Kelche	Eine sich bietende Chance, sich zu verlieben, sich zu versöhnen, glücklich zu werden

30 *Asse* zeigen Chancen, die im Frager oder für den Frager in der erfragten Angelegenheit liegen. Diese Chancen drängen sich nicht auf. Sie müssen erkannt, gefördert und verwirklicht werden. *Buben* zeigen Chancen, die sich dem Frager auch ohne dessen Zutun von außen (durch andere Menschen) bieten.

Stichwort	Karte	Spezielle Bedeutung
Demut	Eremit	Schlichte Bescheidenheit
	Sonne	Zu einem schlichten Weltbild zurückkehren
Disziplin	Magier	Den Willen disziplinieren
	Herrscher	Beherrscht sein, strukturiert, ordentlich
	Eremit	Disziplin als (meditative) Übung
	Gerechtigkeit	Disziplin fordern
	8 Schwerter	Sich zusammenreißen, sich selbst vergewaltigen
Durchbruch	→ Befreiung	
Durststrecke	5 Münzen	Finanzielle Durststrecke
	8 Schwerter	Emotionale Durststrecke
Einsamkeit	→ Alleinsein	
Einweihung	Magier	Den Weg des Magiers gehen = erkennen, verstehen, meistern
	Hohepriesterin	Den Weg des Mystikers gehen = gefunden, berührt und gewandelt werden
	Eremit	Vorbereitung, Insichgehen, Fasten, Abgeschiedenheit
	Gehängter	Die Einweihung (Lebensumkehr) erleben
	Gericht	Die Erlösung, Befreiung des Göttlichen
	3 Münzen	Den Einweihungsweg betreten
Ende	Tod	Natürliches Ende
	10 Schwerter	Willkürliches Ende, »Schluß machen«
Energie	→ Kraft	
Engpaß	Eremit	Askese, freiwillige Entbehrung
	5 Münzen	Finanzieller Engpaß, sich unsicher fühlen
	8 Schwerter	Seelischer Engpaß, sich zusammenreißen müssen

Stichwort	Karte	Spezielle Bedeutung
Enthaltsamkeit	Eremit	Freiwillige Enthaltsamkeit, Askese, Fasten
	Mäßigkeit	Rechtes Maß zwischen Genuß und Enthaltsamkeit
	9 Stäbe	Sich aggressiv enthalten, zurückhalten, verteidigen
	3 Schwerter	Kluge Entscheidung zu schmerzhafter Enthaltung
	4 Schwerter	Zur Enthaltsamkeit gezwungen sein
	4 Kelche	Krisen zu Beginn einer Enthaltsamkeitsphase
Entscheidung	Hohepriesterin	Instinktive Entscheidung
	Liebende	Entscheidung aus vollem Herzen
	Gerechtigkeit	Überlegtes, objektives Handeln
	As Schwerter	Chance zu kritischer, kluger Entscheidung
	2 Schwerter	Im Zweifel steckengebliebene Kopfentscheidung
	3 Schwerter	Kopfentscheidung gegen das Gefühl
	2 Stäbe	Lippenbekenntnis ohne Konsequenzen
	2 Münzen	Wankelmütige, spielerische Entscheidung
Enttäuschung	9 Stäbe	Seelische Verhärtung infolge früherer Enttäuschung
	3 Schwerter	Schmerzhafte Einsicht, sich getäuscht zu haben
	5 Kelche	Enttäuschung tiefer Gefühle
	7 Kelche	Neigung, sich täuschen zu lassen
Erfolg	Magier	Aufgaben vorbildlich meistern
	Herrscher	Vorhaben erfolgreich verwirklichen
	Eremit	Erfolge im verborgenen
	As Stäbe	Große Erfolgschance
	3 Stäbe	Gute Erfolgsaussichten
	6 Stäbe	Erfolgsnachrichten
	7 Münzen	Wachsender Erfolg
	8 Münzen	Beginn erfolgreichen Tuns
	9 Münzen	Überraschender Erfolg (Glück)

Stichwort	Karte	Spezielle Bedeutung
Erlösung	→ Befreiung	
Erpressung	→ Abhängigkeit	
Fasten	→ Enthaltsamkeit	
Feigheit	7 Schwerter	Sich drücken, Probleme aus dem Weg gehen
	8 Schwerter	Sich nicht trauen, eine wichtige Seite auszuleben
	4 Münzen	Angst, Risiken einzugehen
	7 Kelche	Flucht in die Illusionswelt
Flirt	2 Kelche	Die charmante Begegnung
	Bube Kelche	Eine sich bietende Gelegenheit, zu flirten
	Ritter Kelche	Liebevolle Stimmung
Freude	Narr	Unbekümmerte, kindliche Freude
	Magier	Freude des Erfolgs
	Hohepriesterin	Innere, stille Freude
	Herrscherin	Freude am Neuen
	Herrscher	Freude am Erreichten
	Hierophant	Freude, die Wahrheit gefunden zu haben
	Liebende	Herzensfreude
	Wagen	Aufbruchsfreude
	Eremit	Freude des Alleinseins
	Kraft	Seine Energien und sich selbst voller Lust und Freude spüren
	Mäßigkeit	Freude innerer Gelassenheit und Harmonie
	Stern	Freudiger Ausblick auf eine weite Zukunft
	Sonne	Lebensfreude, Lebensbejahung
	Gericht	Freude der Erlösung, des Erlöstwerdens
	Welt	Freude, seinen Platz gefunden zu haben
	As Stäbe	Chance zu freudiger Selbstentfaltung
	3 Stäbe	Freudige Aussichten

Stichwort	Karte	Spezielle Bedeutung
	4 Stäbe	Fröhlich sein, andere freudig erwarten
	5 Stäbe	Freudiges Kräftemessen, sportliche Freude
	6 Stäbe	Freudige Nachricht, Siegesbotschaft
	8 Stäbe	Freudige Überraschungen
	Ritter Stäbe	Freudige (übertriebene) Ungestümheit
	As Münzen	Chance, dauerhafte Freude zu finden
	2 Münzen	Freudige Unbekümmertheit, Sorglosigkeit
	6 Münzen	Freudiges Geben oder Freude des Beschenktwerdens
	8 Münzen	Freudiges Beginnen
	9 Münzen	Freude des inneren oder äußeren Glücks
	10 Münzen	Freude an innerem oder äußerem Reichtum
	As Kelche	Chance, zu tiefster Freude zu gelangen
	2 Kelche	Freudige Begegnung
	3 Kelche	Freude aus tiefer Dankbarkeit
	6 Kelche	Freuden der Erinnerung
	9 Kelche	Mit Freuden und Freunden genießen
	10 Kelche	Freuden der Liebe
	Ritter Kelche	Freudige Atmosphäre
	Bube Kelche	Erfreuliches Angebot, Einladung
Frieden	Mäßigkeit	Mäßigkeit, Frieden, Einklang
	4 Stäbe	Sich des Friedens erfreuen, sich öffnen
	9 Stäbe	Dem Frieden mißtrauen
	As Kelche	Chance zur Versöhnung
	2 Kelche	Friedensschluß
	10 Kelche	Friedvolle Harmonie
	Bube Kelche	Friedensangebot
Geduld	Hohepriesterin	Auf den richtigen Augenblick warten können
	7 Münzen	Auf den richtigen Augenblick warten müssen

Stichwort	Karte	Spezielle Bedeutung
Geduldsprobe	Gehängter	Warten müssen, bis »der Groschen gefallen ist«
	4 Schwerter	Zum Warten verurteilt sein
Gelassenheit	Narr	Sorglosigkeit, kindliches Gemüt
	Mäßigkeit	Innere Ruhe, Harmonie und Frieden
	2 Münzen	Unbekümmert sein, leichtherzig, sorglos
	3 Stäbe	Gelassen in die Zukunft sehen
Gelegenheit	→ Chance	
Gemeinheit	→ Bösartigkeit	
Genesen	→ Heilen	
Genuß	Kraft	Leidenschaftliches Genießen
	Mäßigkeit	Rechtes Maß zwischen Genuß und Enthaltsamkeit
	Teufel	Genußsucht
	Sonne	Das Leben auf der Sonnenseite genießen
	10 Münzen	Üppiger Rahmen, um das Leben zu genießen
	4 Kelche	»Katergefühle« nach übermäßigem Genuß
	7 Kelche	Warnung vor Gefahren leichtfertigen Genusses
	9 Kelche	Sich eine gute Zeit machen
Gesundheit	→ Heilen	
Glück	Schicksalsrad	Wendung zum Besseren (abhängig von den übrigen Karten)
	Gericht	Die glückliche Erlösung
	Welt	Das Glück, angekommen zu sein, Happy-End
	4 Stäbe	Glücklich sein
	6 Stäbe	Glücklicher Ausgang, glückliche Nachricht
	As Münzen	Chance, zu greifbarem Glück zu kommen

Stichwort	Karte	Spezielle Bedeutung
	8 Münzen	Sein Glück schmieden
	9 Münzen	Der glückliche Gewinner, die glückliche Überraschung
	10 Münzen	Beständiges Glück
	As Kelche	Chance, zu tiefem, innerem Glück zu gelangen
	2 Kelche	Die glückliche Begegnung
	3 Kelche	Großes Glück und tiefe Dankbarkeit
	9 Kelche	Sein Glück genießen
	10 Kelche	Glückliche Zeiten
Großzügigkeit	→ Maß und Unmaß	
Harmonie	Narr	Harmonie mit der Instinktwelt
	Magier	Harmonie zwischen Bewußtsein und Unbewußtsein
	Hohepriesterin	In Harmonie mit der inneren Stimme leben
	Eremit	In Harmonie mit sich selbst sein
	Kraft	Harmonie des zivilisierten Menschen mit seiner animalischen Natur
	Mäßigkeit	Harmonische Gelassenheit
	Stern	Kosmische Harmonie erkennen oder erleben
	Welt	Harmonische Integration der vier Elemente
	4 Stäbe	Sich voller Harmonie öffnen
	As Kelche	Chance, tiefste Harmonie zu finden
	2 Kelche	Die harmonische Begegnung
	10 Kelche	Beständige Harmonie
Heilen	Hohepriesterin	Heilerin, Therapeutin
	Eremit	Fastenkur
	Kraft	Zu Vitalität und Kraft kommen
	Mäßigkeit	Heil und gesund sein (werden)
	Sonne	Lebensfrische (wiederfinden)
	Gericht	Erlösung und Befreiung (von einer Krankheit)
Hemmung	Eremit	Menschenscheu, Zurückgezogenheit, Introversion

Stichwort	Karte	Spezielle Bedeutung
	9 Stäbe	Verschlossenheit, Abwehr, sich bedroht fühlen
	8 Schwerter	Innerlich gehemmt oder verklemmt sein
Initiation	→ Einweihung	
Innere Stimme	→ Spüren	
Instinkt	→ Spüren	
Konflikte	5 Stäbe	Herausforderung, die der Frager annehmen soll
	6 Stäbe	Sieger in einem Konflikt sein
	7 Stäbe	Konflikt, den der Frager ernst nehmen sollte
	9 Stäbe	Keine akute Konfliktsituation, dennoch fühlt sich der Frager bedroht
	2 Schwerter	Innerer Konflikt, Zerrissenheit
	5 Schwerter	Scheitern, in einem üblen Kampf unterliegen
	7 Schwerter	Einem Konflikt (aus Feigheit) ausweichen
	Ritter Schwerter	Frostige, konfliktreiche Atmosphäre
	Bube Schwerter	Heraufziehender Konflikt
	4 Kelche	Beleidigt sein, im Schmollwinkel sitzen
Kontrolle	→ Disziplin	
Kraft	Narr	Kraft der Instinkte
	Magier	Schöpferkraft, Einflußkraft, Suggestivkraft
	Hohepriesterin	Kraft des Unbewußten, mediale Kraft
	Herrscherin	Die wilde Kraft der Natur
	Herrscher	Tatkraft, Vorhaben zu verwirklichen
	Hierophant	Kraft des Glaubens

Stichwort	Karte	Spezielle Bedeutung
	Liebende	Kraft des Herzens, der Herzensentscheidung
	Wagen	Kraft der Zuversicht, jugendliche Kraft
	Kraft	Kraft der Leidenschaft, »übermenschliche Kraft«
	Eremit	Die in sich ruhende, gesammelte Kraft
	Schicksalsrad	Die Kraft höherer Gewalt
	Gerechtigkeit	Urteilskraft
	Gehängter	Kraftlosigkeit
	Tod	Kraft der Transformation
	Mäßigkeit	Kraft innerer Gelassenheit
	Teufel	Niedere Triebkraft, verlockende Kraft des Bösen
	Turm	Destruktive Kraft
	Stern	Kraft des Vertrauens
	Mond	Kraft unbewußter Prägungen
	Sonne	Kraft der Überwindung
	Gericht	Befreite Kraft
	Welt	Kraft des entfalteten Selbst
	As Stäbe	Chance der Kraftentfaltung
	3 Stäbe	Kraftvolles Stehvermögen
	5 Stäbe	Kräftemessen
	7 Stäbe	Kraftvoll den eigenen Standpunkt verteidigen
	9 Stäbe	Abwehrkraft, sich mit aller Kraft verschließen
	10 Stäbe	Seine Kräfte überfordern
	As Schwerter	Erkenntniskraft
	2 Schwerter	Die zersetzende Kraft des Zweifels
	4 Schwerter	Schwächung der Kraft
	5 Schwerter	Scheitern der Kraft
Krankheit	Gehängter	Krank sein, um etwas zu lernen (Lebenswende)
	4 Schwerter	Krank sein als »verordnete« Zwangspause
	5 Münzen	Krank sein als Entbehrung
	8 Schwerter	Innerlich krank sein
Kreativität	Narr	Spontane Einfälle, Brainstorming, unkonventionelle Lösungen

Stichwort	Karte	Spezielle Bedeutung
	Herrscherin	Ein fruchtbarer Boden, der bestellt werden muß
	Turm	Blitz der (nicht immer bequemen) Erkenntnis
	7 Münzen	Kontinuierlicher Fortschritt, beständiges Wachstum
	8 Münzen	Auf- und Ausbau von Plänen und Positionen
Kummer	3 Schwerter	Schmerzhafte Erkenntnis oder Entscheidung
	5 Schwerter	Schwere Niederlage
	9 Schwerter	Schlaflose Nächte, Gram, Gewissensbisse
	4 Kelche	Verärgert oder beleidigt sein, schmollen
	5 Kelche	Kummer über etwas, das verlorenging
Laster	→ Abhängigkeit	
Leichtsinn	Narr	Unbekümmertheit, die zu Pannen führen kann
	Wagen	Überschätzen der eigenen Fähigkeiten
	2 Münzen	Schwerelosigkeit des Wankelmütigen oder des Hampelmanns
Liebe	Liebende	Aus vollem Herzen »ja« sagen
	Mäßigkeit	Tiefe Harmonie erleben
	Gericht	Seinen »Schatz« finden, aus Einsamkeit u. a. m. erlöst werden
	Welt	Seinen Platz (Partner, Familie) gefunden haben
	4 Stäbe	Willkommen sein, andere willkommen heißen
	8 Stäbe	Sich überraschend verlieben
	10 Münzen	Sichere, beständige Beziehung
	2 Kelche	Liebevolle Begegnung, sich verlieben
	7 Kelche	Rosarote Brille, verliebt sein
	10 Kelche	Große Liebe, Harmonie und Geborgenheit

Stichwort	Karte	Spezielle Bedeutung
	Ritter Kelche	Liebevolle Stimmung, Atmosphäre zum Verlieben
	Bube Kelche	Eine Chance, sich zu verlieben
Lust	→ Sinnlichkeit	
Macht	Magier	Schöpferkraft, Einflußkraft, Macht, zu helfen
	Hohepriesterin	Die Macht des Unbewußten
	Herrscher	Ordnungsmacht, Kontrolle
	Gerechtigkeit	Macht zu urteilen, ein Urteil zu vollstrecken
	Teufel	Machtmißbrauch, destruktive Macht, Abhängigkeiten
	Mond	Die Macht der Phantasie
Mangel	→ Durststrecke	
Maß und Unmaß	Gerechtigkeit	Gleichmaß, Ausgewogenheit
	Mäßigkeit	Das rechte Maß bewahren
	Teufel	Dem Unmaß verfallen sein
	Sonne	Beherzte Großzügigkeit
	10 Stäbe	Sich überfordern
	4 Münzen	Unmäßig begehren, Habgier
	6 Münzen	Wohlbemessene Großzügigkeit
Mißtrauen	9 Stäbe	Anderen Menschen oder den Umständen (grundlos) mißtrauen
	As Schwerter	Chance, etwas kritisch zu prüfen
	2 Schwerter	Notorischer Zweifel, innere Zerrissenheit
	3 Schwerter	Den Gefühlen mißtrauen
	Bube Schwerter	Mißtrauensantrag, Mißtrauenserklärung
	Ritter Schwerter	Vergiftete, mißtrauische Atmosphäre
	4 Münzen	Geizen und der Zukunft mißtrauen
Mitgefühl	Hohepriesterin	Tiefstes Verstehen und Mitfühlen
	6 Münzen	Mitgefühl mit praktischer Hilfe
	Bube Kelche	Eine Geste des Mitgefühls erhalten

Stichwort	Karte	Spezielle Bedeutung
Mut	Wagen	Abenteuerlust, den ersten Schritt wagen
	Kraft	Engagement, wie ein Löwe kämpfen
	As der Stäbe	Chance, Mut, Kraft und Energie zu beweisen
	5 Stäbe	Mut, eine Herausforderung anzunehmen
	6 Schwerter	Trotz weicher Knie zu neuen Ufern eilen
Operation	3 Schwerter	Schmerzhafter Eingriff
	10 Schwerter	Etwas herausoperiert bekommen
Prüfung	Magier	Jede Prüfung meistern
	Eremit	Vorbereitung auf die Prüfung
	Gerechtigkeit	In einer Prüfung fair beurteilt werden
	Gehängter	In einer Prüfung (fest-)stecken
	6 Stäbe	Die Nachricht von der bestandenen Prüfung
	9 Stäbe	Sich von einer Prüfung bedroht fühlen
	5 Schwerter	An einer Prüfung scheitern
	7 Schwerter	In einer Prüfung mogeln
	9 Schwerter	Prüfungsangst
	10 Schwerter	Die Prüfung (vorzeitig) abbrechen
	3 Münzen	Eine Prüfung bestehen
Qual	→ Schmerz	
Rausch	Teufel	Das Rauschmittel, der Verführer
	Mond	Horror-Trip, Weltschmerz, Wehleidigkeit
	As Kelche	Chance, sich zu berauschen
	4 Kelche	Der Kater am nächsten Morgen
	6 Kelche	Rausch der Nostalgie
	7 Kelche	Weltflucht, Sehnsucht, sich zu berauschen
Reichtum	Magier	Geistiger Reichtum, Genialität
	Hohepriesterin	Seelischer Reichtum, Phantasie
	Eremit	Innerer Reichtum, Weisheit
	Kraft	Vitaler Reichtum, Lebenslust

Stichwort	Karte	Spezielle Bedeutung
	Teufel	Fragwürdiger Reichtum, Abhängigkeit
	Sonne	Reichtum an Jugend und Frische
	4 Münzen	Geizen, nach Reichtum gieren
	6 Münzen	Am Reichtum anderer teilhaben oder andere am eigenen Reichtum teilhaben lassen
	9 Münzen	Überraschender Reichtum, Gewinn
	10 Münzen	Innerer oder äußerer Reichtum
Reisen	Wagen	Spontan verreisen, freudiger Aufbruch
	Welt	Horizonte erweitern
	As Stäbe	Chance, durch Reisen neue Impulse zu bekommen
	Ritter Stäbe	Erlebnishunger, Reiselust, Abenteurertum
	Bube Stäbe	Chance, zu einer Reise eingeladen zu werden
	6 Schwerter	Unsicher Neuland betreten
	8 Kelche	Reise ins Ungewisse mit schweren Gefühlen
Schmerz	Herrscherin	Schmerzen der Geburt des Neuen
	Eremit	Schmerz der Einsamkeit, der Enthaltsamkeit
	Schicksalsrad	Schmerzen notwendiger Veränderungen
	Gehängter	Schmerzen der Erkenntnis, schmerzhafte Umkehr
	Tod	Abschiedsschmerz
	Teufel	Schmerzen der Abhängigkeit
	Turm	Schmerzen des Verlusts und der Zerstörung
	3 Schwerter	Schmerzhafte Erkenntnisse und Entscheidung
	4 Schwerter	Schmerzen einer Krankheit
	5 Schwerter	Verletzungen und Schmerzen der Niedergeschlagenheit
	8 Schwerter	Schmerzen des inneren Gefangenen

Stichwort	Karte	Spezielle Bedeutung
	10 Schwerter	Schmerzen der radikalen Trennung (Entwöhnung)
	5 Münzen	Schmerzen der Armut
	4 Kelche	Schmerz des Beleidigten und seelisch Verletzten
	5 Kelche	Schmerz des Ungeliebtseins
	8 Kelche	Schmerz, vom Vertrauten Abschied zu nehmen
Selbstvertrauen	Magier	Selbstvertrauen aus erworbener Kraft und erlerntem Wissen
	Herrscher	Selbstvertrauen aufgrund von Kompetenz
	Wagen	Jugendliches Selbstvertrauen
	Kraft	Selbstvertrauen aus tiefster Vitalkraft
	Sonne	Selbstvertrauen als Ausdruck von Reife
Sexualität	→ Sinnlichkeit	
Sicherheit	Herrscher	Gesundes Sicherheitsstreben
	Ritter Münzen	Solide, sichere Basis
	4 Münzen	Übertriebene Sicherheit, Erstarrung
Sieg	→ Erfolg	
Sinnlichkeit	Kraft	Lust und Leidenschaft bejahen und erleben
	Teufel	Zügellosigkeit, leidenschaftliche Verstrickung
	As Münzen	Chance, eine sinnliche Erfahrung zu machen
	Ritter Münzen	Sinnliche Atmosphäre
	Bube Münzen	Sinnliches Angebot
	As Kelche	Chance, sinnlich beglückt zu werden
	2 Kelche	Begegnung mit sinnlicher Note
	4 Kelche	Verdrossenheit als Folge von Übertreibungen
	9 Kelche	Lustvoll genießen, schwelgen, feiern

Stichwort	Karte	Spezielle Bedeutung
Spüren	Narr	Geführt werden, der inneren Stimme folgen
	Hohepriesterin	Instinktsicheres Handeln, das Feinstoffliche spüren
	Stern	Den richtigen Weg finden
	2 Schwerter	Durch Zweifel die innere Gewißheit zerreißen
	8 Schwerter	Die innere Stimme knebeln
	2 Münzen	Instinktiv auf Höheres vertrauen
	7 Kelche	Sich täuschen, eine rosarote Brille tragen
Stabilität	Herrscher	Ordnungskraft, die für Stabilität sorgt
	Eremit	Innere Stabilität
	3 Stäbe	Stabiler, tragender Boden
	3 Münzen	Betreten einer stabilen Ebene
	7 Münzen	Stabiles Wachstum
	10 Münzen	Beständige Stabilität
Streit	5 Stäbe	Wettstreit, faires Kräftemessen
	7 Stäbe	Sich mit Neid und Angriffen anderer auseinandersetzen müssen
	9 Stäbe	Sich auch dort angegriffen fühlen, wo keine Bedrohung vorliegt
	As Schwerter	Chance, einen Streit zu klären
	Ritter Schwerter	Zerstrittene, konfliktreiche Atmosphäre
	Bube Schwerter	Ein heraufziehender Streit
Tatkraft	→ Kraft	
Traum	Narr	Der Träumer
	Hohepriesterin	Träume deuten, aus Träumen lernen
	Herrscher	Träume verwirklichen
	Mond	Alptraum, tiefe Bedrückung
	9 Schwerter	Alptraum, schlaflose Nächte
	As Kelche	Chance, sich einen Traum zu erfüllen
	6 Kelche	Alten Träumen und Erinnerungen nachgehen

Stichwort	Karte	Spezielle Bedeutung
	7 Kelche	Traumtänzerei
	Ritter Kelche	Verträumte Atmosphäre
Überraschung	Schicksalsrad	Überraschende Wendungen
	Turm	Überraschender Durchbruch oder Zusammenbruch
	8 Stäbe	Überraschende (günstige) Ereignisse
	9 Münzen	Überraschendes Glück
Umbruch	→ Umkehr	
Umkehr	Eremit	Abkehr, Insichgehen, Introversion
	Schicksalsrad	Vorbote einer Wendung, Zeit zur Umkehr
	Gehängter	Lebensumkehr, Krise der Lebensmitte
	Turm	Plötzlicher Umbruch
Unaufrichtigkeit	Teufel	Verharmlosende Verführung, Täuschung
	7 Schwerter	Betrügen und betrogen werden, lügen, stehlen
	7 Kelche	Sich und/oder andere täuschen
unbewußt	→ Bewußt/ unbewußt	
Ungeduld	Wagen	Ungeduldiger Aufbruch
	Ritter Stäbe	Atmosphäre von Ungeduld und Unternehmungslust
Unglück	Schicksalsrad	Wendung zum Schlechteren (abhängig von den übrigen Karten)
	Gehängter	In der Klemme stecken
	Tod	Abschied nehmen müssen
	Teufel	In Abhängigkeiten verstrickt sein
	Turm	Zusammenbruch, Katastrophe, Scheitern
	Mond	Angst und Alpträume
	3 Schwerter	Schmerzhafte, unliebsame Erkenntnisse

Stichwort	Karte	Spezielle Bedeutung
	4 Schwerter	Festsitzen, Zwangspause
	5 Schwerter	Böse Niederlage, Scheitern
	9 Schwerter	Große Sorgen, schlaflose Nächte
	10 Schwerter	Schmerzhaftes, willkürliches Ende
	5 Münzen	Not, Armut, auf brüchigem Boden leben
	4 Kelche	Tiefe Verstimmung, Mißmut, Ärger
	5 Kelche	Kummer, Gram, zerbrochenes Glück
Unmaß	→ Maß und Unmaß	
Unzuverlässigkeit	Narr	Leichtfertigkeit, die keine Verpflichtung kennt
	2 Münzen	Wankelmut, Standpunktwechsler
	7 Kelche	Träumerei, Illusion, Lüge
Urlaub	→ Reisen	
Urteil	→ Entscheidung	
Versöhnung	Mäßigkeit	Wiederhergestellte Harmonie
	Sonne	Sich versöhnen
	2 Kelche	Friedensvertrag
	Bube Kelche	Friedensangebot
Vertrauen	Hohepriesterin	Vertrauen in die innere Stimme
	Hierophant	Vertrauen in den persönlichen Sinn des Lebens
	Stern	Vertrauen in die Zukunft
Verträumtheit	→ Traum	
Verzicht	Eremit	Freiwilliger Verzicht, Askese, Fasten
	Tod	Verzichten und Abschied nehmen müssen
	9 Stäbe	Brüsk oder standhaft verzichten
	3 Schwerter	Aus kluger Einsicht verzichten
	4 Schwerter	Erzwungener, vorübergehender Verzicht

Stichwort	Karte	Spezielle Bedeutung
	8 Schwerter	Fragwürdiger Verzicht auf etwas Wesentliches
	10 Schwerter	Willkürlicher, dauerhafter Verzicht
	4 Kelche	Aus Trotz verzichten und schmollen
Verzögerung	Gehängter	In der Klemme stecken, bis ein »Licht aufgeht«
	4 Schwerter	Erzwungene Ruhe, verhinderte Aktivitäten
	7 Münzen	Geduld führt sicher zum Ziel, Ungeduld schadet
Weisheit	Narr	Weisheit des Narren
	Magier	Klugheit, großes Wissen, Erforschen der Naturgesetze
	Hohepriesterin	Weisheit des Schoßes, intuitive Gewißheit
	Hierophant	Verkünder der Weisheit
	Eremit	Sucher und Ergründer der Weisheit
	Gehängter	Tiefste Einsicht und Lebensumkehr
	Stern	Einblick in die kosmische Weisheit gewinnen
	Sonne	Weise Einsicht in die schlichte Demut
	3 Münzen	Beginn der Suche nach Weisheit
Zerstörung	Tod	Das natürliche Ende
	Turm	Plötzliche Zerstörung falscher Werte
	5 Schwerter	Niederträchtiges Zerstören
	10 Schwerter	Willkürliches Ende und Zerstören
	5 Münzen	Risse im tragenden Boden, die zu Zerstörung führen können
	5 Kelche	Kummer über das Zerstörte
Zuverlässigkeit	Herrscher	Verantwortung tragen, Ordnung schaffen
	As der Münzen	Chance, auf festen Boden zu kommen
	Bube Münzen	Ein zuverlässiges Angebot
	Ritter Münzen	Zuverlässiges Umfeld

Bedeutungsgegensätze einzelner Karten untereinander

Gegensätzliche Karten

In dieser Auflistung werden die Karten nebeneinandergestellt, deren Bedeutung gegensätzlich ist oder zumindest sein kann. Damit soll nicht gesagt werden, daß sich diese Gegensätze grundsätzlich voneinander ausschließen. Es kann sich dabei durchaus um eine kreative Spannung handeln, die zu wertvollen Lösungen führt. Diese Liste hat keinen Anspruch auf Vollständigkeit. Es geht vor allem darum, Kontraste innerhalb der Karten der Großen Arkana sowie zwischen denen der Großen und der Kleinen Arkana, herauszustellen, vor allem dort, wo diese Kontraste nicht ohnehin augenfällig sind.

Karten		Gegensätzliche Thematik	
Narr	– Herrscher	Unbekümmertheit	– Verantwortung
Narr	– Eremit	Kindheit	– Alter
Narr	– Tod	Anfang	– Ende
Narr	– 10 Schwerter	Spontaner Neubeginn	– Abruptes, willkürliches Ende
Magier	– Hohepriesterin	Machen	– Geschehen lassen
Magier	– Schicksalsrad	Selbstbestimmtheit	– Fatalismus
Magier	– 7 Schwerter	Erkennender Verstand	– Betrügerischer Verstand
Hohepriesterin	– Hierophant	Mystisches Erkennen	– Dogmatisches Glauben
Hohepriesterin	– 2 Schwerter	Innere Gewißheit	– Bohrender Zweifel
Herrscherin	– Tod	Quelle (des Lebens)	– Mündung
Herrscherin	– 4 Schwerter	Wachstum	– Stillstand
Herrscher	– Narr	Ordnung	– Chaos
Herrscher	– Turm	Stabilität, Dauer	– Zusammenbruch
Herrscher	– 5 Münzen	Sicherheit	– Unsicherheit
Herrscher	– 7 Kelche	Wirklichkeitsnähe	– Träumerei
Hierophant	– Teufel	Glauben	– Unglauben
Liebende	– Gerechtigkeit	Herzensentscheidung	– Kopfentscheidung
Liebende	– Teufel	Freie Entscheidung	– Erpreßte Entscheidung
Liebende	– 2 Stäbe	Herzensentscheidung	– Laue Unentschiedenheit
Liebende	– 9 Stäbe	Sein Herz öffnen	– Sich verschließen
Wagen	– Gehängter	Frische	– Erschöpfung
Wagen	– Gericht	Den »Schatz« suchen	– Den »Schatz« heben
Wagen	– Welt	Aufbruch	– Am Ziel sein
Wagen	– 7 Münzen	Ungeduldig erobern	– Geduldig abwarten
Wagen	– 6 Kelche	Vorwärts schauen	– Rückwärts schauen

Karten		Gegensätzliche Thematik	
Wagen	– 8 Kelche	Freudiger Aufbruch	– Trauriger Aufbruch
Kraft	– Magier	Vitalkraft	– Geisteskraft
Kraft	– Teufel	Gebändigte Triebe	– Den Trieben ausgeliefert sein
Kraft	– 8 Schwerter	Gelebte Leidenschaft	– Verklemmtheit
Eremit	– Wagen	Introversion	– Extraversion
Eremit	– 9 Stäbe	Erkenntnisse suchen	– Sich Erkenntnissen verschließen
Eremit	– 5 Kelche	Allein sein	– Sich einsam fühlen
Eremit	– 9 Kelche	Zurückgezogenheit	– Geselligkeit
Schicksalsrad	– Welt	Aufgabenstellung	– Aufgaben gelöst haben
Schicksalsrad	– Magier	Höhere Gewalt	– Eigener Wille
Gerechtigkeit	– Narr	Selbstverantwortlich	– Verantwortungslos
Gerechtigkeit	– Liebende	Überlegtes Urteil	– Gefühlsurteil
Gerechtigkeit	– Mäßigkeit	Kräftegleichgewicht	– Entspannung
Gehängter	– Wagen	Umkehren müssen	– Vorwärts stürmen
Gehängter	– Gericht	Festsitzen	– Erlöst werden
Gehängter	– Welt	Totpunkt	– Höhepunkt
Gehängter	– 9 Stäbe	Hingabe	– Widerstand
Gehängter	– 7 Münzen	Warten müssen	– Geduldig warten können
Tod	– Sonne	Sterblichkeit	– Unsterblichkeit
Tod	– 10 Schwerter	Natürliches Ende	– Willkürliches Ende
Mäßigkeit	– Gehängter	Heil sein	– Krank sein
Mäßigkeit	– 5 Schwerter	Frieden	– Krieg
Teufel	– Magier	Schwarze Magie	– Weiße Magie
Teufel	– Hierophant	Mißtrauen	– Vertrauen
Teufel	– Liebende	Abhängig sein	– Frei sein
Teufel	– Mäßigkeit	Unmaß	– Rechtes Maß
Teufel	– 9 Stäbe	Versuchung	– Der Versuchung widerstehen
Teufel	– 10 Schwerter	Abhängigkeit	– Entzug
Turm	– Stern	Verzagen	– Neue Hoffnung schöpfen
Turm	– Gericht	Gewaltsame Befreiung	– Sanfte Befreiung
Turm	– 4 Stäbe	Verhärtung und Krieg	– Offenheit und Frieden
Turm	– 8 Münzen	Zusammenbruch	– Aufbau
Stern	– Teufel	Auf Höheres vertrauen	– An der Sinnlosigkeit scheitern
Stern	– Mond	Zuversicht	– Angst
Stern	– 2 Schwerter	Hoffen	– Verzweifeln
Mond	– Hohepriesterin	Traum und Alptraum	– Die Traumdeuterin
Mond	– Sonne	Unterwelt	– Oberwelt
Sonne	– Eremit	Wärme und Frohsinn	– Kälte und Ernst
Sonne	– Tod	Sonnenaufgang	– Sonnenuntergang
Sonne	– Mond	Mächte des Lichts	– Mächte der Finsternis
Sonne	– 7 Stäbe	Versöhnung	– Zwist

Karten		Gegensätzliche Thematik	
Gericht	– Teufel	Befreiung	– Verstrickung
Gericht	– Wagen	Das Werk vollenden	– Das Werk beginnen
Gericht	– 8 Schwerter	Erlösung	– Hemmung
Welt	– Wagen	Seinen Platz finden	– Seinen Platz suchen
Welt	– Gehängter	Glückliches Ende	– Tiefpunkt, Entwicklungskrise
Welt	– Teufel	Ganzheit	– Zersplitterung

Erklärung
von Wörtern
und Begriffen

Begriffsdefinitionen

Arkana Plural des lateinischen Wortes Arcanum = Geheimnis. Die Bezeichnung aller Tarotkarten, die in die Großen und die Kleinen Arkana unterteilt werden.

As Die jeweils erste Karte einer Farbserie, die der Zahl 1 entspricht.

Deck Das komplette Kartenspiel mit 78 Karten.

Farbserien Die vier durch ein jeweils gleiches Symbol miteinander verbundenen Untergruppen der Kleinen Arkana. Jede Serie besteht aus 14 Karten des gleichen Symbols. Man unterscheidet die Serien der Stäbe, Schwerter, Münzen und Kelche.

Große Arkana Die 22 Karten – auch Trumpfkarten genannt –, die mit Namen bezeichnet und von 0 bis 21 mit römischen Zahlen durchnumeriert sind (0 = Der Narr, I = der Magier ... = XXI = Die Welt).

Hofkarten Die jeweils 4 Karten in den vier Farbserien, die König, Königin, Ritter und Bube zeigen.

Kelch Das dem Wasserelement entsprechende Zeichen.

Kleine Arkana Die 56 Karten, die sich zu je 14 Karten in vier Farbserien (Stäbe, Schwerter, Münzen und Kelche) aufteilen.

Münze Das dem Erdelement entsprechende Zeichen.

Quintessenz Die nachträgliche Addition aller aufgedeckten Karten mit der Bildung einer Quersumme, die entweder einstellig oder aber kleiner als 22 ist. (Siehe dazu Hinweis auf Seite 52.)

Sätze Siehe Farbserien.

Schutzkarten Karten, denen in der traditionellen Kartendeutung eine Schutzrolle beigemessen wurde. Es hieß, wenn die Karten auftauchen, würde auch ein sonst ungünstiges Gesamtbild milder ausfallen. Als Schutzkarten gelten die Hohepriesterin, der Hierophant und der Stern.

Schwert Das dem Luftelement entsprechende Zeichen.

Signifikator a) Die Karte, die z. B. beim Beziehungsspiel oder beim Entscheidungsspiel in der Mitte liegt und den gegenwärtigen Stand der Beziehung oder das Fragethema darstellt.
b) Manche Deuter legen vor Spielbeginn eine den Frager oder das Fragethema symbolisierende Karte als sogenannten Signifikator neben die Karten oder unter die erste Karte. Ich halte das für weniger bedeutsam.

Stab Das dem Feuerelement entsprechende Zeichen.

Trumpfkarten Siehe Große Arkana.

Umgekehrte Karten Karten, die beim Auslegen mit dem Kopf nach unten aufgedeckt werden. Sie werden von einigen Deutern negativ bewertet. (Siehe Seite 51.)

Zahlenkarten Die jeweils zehn Karten in den vier Farbserien, die von 1 bis 10 durchnumeriert sind, wobei das As gleich 1 ist.

Deutungsbeispiele

Die folgenden zwei Beispiele veranschaulichen anhand der Legesysteme »Das Beziehungsspiel« und »Das Kreuz«, wie mit diesem Buch gearbeitet werden kann.

Eine nicht unkomplizierte, aber aussichtsreiche Beziehung zeigten die Karten dem Frager wie folgt:

Die Deutung

1. Karte = Signifikator, Thema = 3 Stäbe:
Sichere, aussichtsreiche Beziehung
2. Karte = Bewußte Einstellung der Partnerin = Stern:
Die glückliche Verbindung voller Zukunft
3. Karte = Gefühlseinstellung der Partnerin = 4 Kelche:
Schmollen, »dicke Luft«, Apathie
4. Karte = Auftreten der Partnerin = Eremit:
In sich oder in der Zweisamkeit ruhen
5. Karte = Auftreten des Fragers = Teufel:
Verstrickung, Hörigkeit, Machtmißbrauch, Lüsternheit
6. Karte = Gefühlseinstellung des Fragers = 6 Stäbe:
Problemlösungen, gute Nachrichten, Glück
7. Karte = Bewußte Einstellung des Fragers = 10 Stäbe:
Tiefe Bedrückung, Hoffnungslosigkeit

Zusammenfassung

Diese Beziehung wird von beiden Seiten recht widersprüchlich erlebt. Die Partnerin sieht darin zwar eine große Zukunft (2 = Stern), ist aber innerlich verstimmt (3 = 4 Kelche). Beim Frager ist es umgekehrt. Seine bewußte Einschätzung ist negativ (7 = 10 Stäbe), sein Gefühl aber sagt ihm, daß sich Problemlösungen und gute Nachrichten ergeben werden (6 = 6 Stäbe). Die Karten des äußeren Auftretens zeigen, daß die Partnerin sich zurückhält und in sich ruht (3 = Eremit), der Frager dagegen versucht, seine Partnerin in unguter Weise an sich zu binden, von sich abhängig zu machen (4 = Teufel).

Entscheidend ist hier der Signifikator (1 = 3 Stäbe), der zeigt, daß die Beziehung eine sichere Basis hat, und daß die Aussichten erfreulich sind. Insofern werden sich die positiven Tendenzen durchsetzen, so daß die Verstimmung der Partnerin und die Bedrückung des Fragers überwunden werden.

Die Quintessenz ist 10 und weist damit den unabwendbaren Weg des Schicksals und der Einsicht in die Notwendigkeiten, der zur Meisterung des Schicksals (1 = Magier) führt. Das bedeutet, daß in der Beziehung und in der Bewältigung ihrer Probleme eine schicksalhafte Aufgabe liegt, die von beiden bewältigt werden kann und soll.

Der Frager, von der Aussage über seine negative Ausstrahlung sichtlich betroffen, wollte anschließend wissen, was er tun könne und welche Richtung er einschlagen müsse. Die Karten, nach der Art des Kreuzes gelegt, zeigten folgenden Weg:

3

1

2

4

Da es hier wohl um mehr als eine reine Beziehungsthematik geht, kommen bei der Deutung auch die Schlüsselworte unter dem Stichwort »Bewußtsein« zur Geltung:

1. Karte = Darum geht es = Tod
Ende einer Phase, Abschied vom Gefährten
Einsicht in die Endlichkeit
2. Karte = Das sollte er nicht tun = Bube Schwerter
Krise, Streit, klärende Aussprache
Diskussionen, schmerzhafte Einsichten
3. Karte = Das sollte er tun = Schicksalsrad
Schicksalhafte Verbindung
Erkenntnis des höheren Gesetzes
4. Karte = Dahin führt es = Narr
Lebendigkeit, Spontaneität
Vorurteilslosigkeit, Neugier

Zusammenfassung

Der Tod als erste Karte zeigt, daß es darum geht, daß der Frager seine bisherige Einstellung sofort beenden muß. Das könnte er tun, indem er sich von der Partnerin trennt, oder aber, indem er innerlich losläßt (Der Tod = das große Loslassen).

Da das Beziehungsspiel nicht von Trennung, sondern von Zukunft sprach und auch in dieser zweiten Legung keine weitere Trennungskarte erscheint, geht es hier um das innerliche Loslassen. Offenbar entspringt die fragwürdige Neigung dieses Mannes, seine Partnerin von sich abhängig machen zu wollen, einer tiefen eigenen Unsicherheit und Verlustangst. Insofern weist der Tod zu Recht auf die Einsicht in die Endlichkeit hin und fordert ihn auf, loszulassen. Dabei geht es nicht um klärende Aussprachen oder Diskussionen (2 = Bube Schwerter). Der Frager muß auch nicht mit einer Krise rechnen. Statt dessen soll er erkennen, daß es sich um eine schicksalhafte Verbindung handelt (3 = Schicksalsrad). Hinter der damit verbundenen Aufforderung »Erkenntnis des höheren Gesetzes« verbirgt sich wohl die schon eingangs erwähnte Einsicht in die Endlichkeit, und das große Loslassen als Aufgabe. Das Schicksalsrad, das dazu auffordert, war ja markanterweise schon die Quintessenz des vorhergehenden Spiels. Der Narr als Ausblick zeigt, daß Lebendigkeit die Frucht dieses Bemühens sein wird, und daß damit der Tod das Tor zu neuem Leben ist.

Die Quintessenz ist diesmal 5, der Hierophant (der Gegenpol des Teufels), der den vertrauensvollen Weg der Wahrheit und der inneren Gewißheit weist.

Anhang

Spiegeln die Großen Arkana die Wirklichkeit des Stierzeitalters?

Gedanken über die Wurzeln der Tarotsymbolik

Haben wir mit den Karten wirklich ein altes ägyptisches Weisheitsbuch in den Händen, wie es der große französische Okkultist Elipha Levi glaubte, oder ist der okkulte Gebrauch der Karten vielmehr eine Erfindung der Neuzeit?

Schauen wir, inwieweit Tarot aufgrund seiner Symbolik selbst Auskunft über Herkunft und mögliches Alter gibt. Wobei es natürlich offen und nebensächlich bleibt, ob diese Symbolik sich in früherer Zeit auf Karten oder in anderen Formen vorfand. Ich greife bei den folgenden Betrachtungen bewußt auf Zählfolge und Struktur der Tarotkarten zurück, wie sie uns erst seit 1600 bekannt sind, und vernachlässige die vielfältigen, davon abweichenden Kartenspiele aus den vorausgegangenen 200 Jahren aus folgendem Grund: Da es sich bei den 22 Karten der Großen Arkana nicht um eine kunterbunte Aneinanderreihung willkürlicher Motive handelt, sondern um die Märchen und Mythen innewohnende Grundstruktur der Reise des Helden, ist ihr Auftauchen ein Vorgang, bei dem sich die Menschheit einer archetypischen Struktur erinnerte, die mehrere Jahrtausende in jenen Tiefen ruhte, die C. G. Jung das kollektive Unbewußte nannte. Wenn dieser überpersönliche Erinnerungsspeicher der Menschheit ein altes Wissen zum Ausdruck bringt, so trägt er auch mit der ihm eigenen Kraft dafür Sorge, daß sich nach ersten tastenden Versuchen die eigentliche, die richtige Struktur herauskristallisiert und durchsetzt.

Ein ähnliches Phänomen liegt zum Beispiel vor, wenn der Mensch des 14. Jahrhunderts infolge seiner extremen existentiellen Ängste angesichts anhaltender Katastrophen wie Krieg, Pest und Hungersnot sich plötzlich 14 Heilige »ausdenkt«, die ihm Helfer in seinen Nöten sind. Ausgehend von den Diözesen Bamberg und Regensburg breitet sich dieses Bild rasch über den deutschsprachigen Raum bis nach Norditalien und Ungarn aus und ist seitdem ein fester Begriff, wie das Kloster »Vierzehnheiligen« oder die Krankenhäuser »Zu den 14 Nothelfern« deutlich belegen. Bei dieser Auswahl war dem damaligen Menschen sicherlich nicht bewußt, daß er sich einer alten Struktur erinnerte und auf ein Bild zurückgriff, das bereits die Babylonier bewegt hatte. Schon ihnen galt die Vierzehn als Zahl der Helfer, da vierzehn Tage (Helfer) ihrem Gott Nergal jeden Monat auf seinen Thron in Kutha halfen (der 15. Tag ist der Vollmondtag).

DER GEHÄNGTE
EL AHORCADO

DIE WELT
EL MUNDO

DAS GERICHT
EL JUICIO

Auf ähnlich alte Zeiten könnte uns die Symbolik der Tarotkarte verweisen, von der die meisten Menschen ganz eigenartig fasziniert sind: Der Gehängte. Seine Zahl 12 kennzeichnet eine Zeitgrenze, wie alles, was sich aus den Zahlen 3 und 4 ergibt[1]. In der Dynamik der Reise des Helden durch die 22 Karten der Großen Arkana kennzeichnet der Gehängte den Totpunkt und zeigt sich als das Gegenstück zur letzten, der 21. Karte »Die Welt«. Seine

1   $3+4 = 7$ = Zeitgrenze der Woche
    $3 \times 4 = 12$ = Zeitgrenze des Jahres
    $3 \times (3+4) = 21$ = Volljährigkeit
    $4 \times (3+4) = 28$ = Monatsgrenze im Mondkalender und
                              1 Saturnumlauf
                          = Grenze der 3 Lebenszyklen
    $(3+4) \times (3 \times 4) = 84$ = 1 Uranusumlauf oder 3 Saturnumläufe
                          = Lebensgrenze

Zahl 12 ist die umgekehrte 21, und seine Haltung ist die Spiegelung der tanzenden Figur auf der 21. Karte. In seinen gekreuzten Beinen erkennen wir das Symbol der 4 (Kreuz). Seine Arm-, Schulter- und Kopfpartie deutet ein Dreieck an. Da nun 3 als göttliche Zahl gilt und 4 als Zahl der irdischen Materie, bedeutet seine Haltung den unerlösten, leidenden Zustand, weil hier das Göttliche unter dem Irdischen verborgen liegt. Im Gegensatz dazu zeigt die 21. Karte den erlösten, befreiten Zustand, bei dem das Göttliche (Dreieck) über dem Irdischen (Kreuz) steht. Diese Entwicklung ergibt sich auch konsequent aus dem Symbolgehalt der vorausgehenden 20. Karte »Das Gericht«, worin die Befreiung des Göttlichen (3) aus dem Irdischen (4) dadurch ausgedrückt wird, daß hier 3 Personen aus viereckigen Gräbern aufsteigen.

Wenn wir nun davon ausgehen, daß für die Alten das Gesetz »Wie oben – so unten« täglich erlebte Wirklichkeit war und daß ihr Tempel ursprünglich ein Spiegelbild der himmlischen Wohnstadt der Götter war (Templum bezeichnete zunächst einen bestimmten Ausschnitt des Himmels), so liegt es nahe, die Symbole des Himmels heranzuziehen, wenn es darum geht, altes Wissen zu erkunden.

Wie gemeinhin bekannt, unterscheiden wir am Himmel Fixsterne (das sind solche, die sich scheinbar nicht bewegen, wie etwa die 7 Sterne, die wir im Großen Wagen sehen) und die Planeten, die die Alten Wandelsterne nannten und zu denen sie auch Sonne und Mond zählten. Von Kometen und Sternschnuppen einmal abgesehen, sind letztere die einzigen, die sich für den Menschen erkennbar am Himmel bewegen. Das Faszinierende dabei ist, daß sie nicht etwa einer willkürlichen kreuz und quer laufenden Bahn folgen, sondern seit Millionen von Jahren systematisch alle den gleichen Kreis beschreiben. In diesem Kreis sahen die Alten den Himmelsdamm und die Planeten, die diese Straße beschritten, waren ihre Götter. Rings um den Himmelsdamm erkannten sie 12 Häuser, die den 12 Sternzeichen des Zodiaks entsprechen. Je eins gehörte den beiden großen Lichtern Sonne und Mond. Jeder der übrigen 5 Planeten besaß 2 Häuser, eins für den Tag und eins für die Nacht. In nur 28 Tagen durchlief der schnellste Planet, der Mond, diesen Kreis. 28 Jahre dagegen braucht der langsamste Planet, Saturn. Die 365 Tage, die das größte Licht, die Sonne, für diesen Weg benötigt, wurden uns zum Maßstab für das Jahr.

Das Studium der Geschehnisse, was zum Beispiel auf Erden geschah, wenn am Firmament der Kriegsgott Mars am Haus der Friedensgöttin Venus anklopfte, war Aufgabe der Astrologen. Die Geschichten aber, die sich die Menschen über die Abenteuer der göttergleichen Helden erzählten, wurden das Herzstück aller Mythologie. Zahllose Überlieferungen berichten vom Aufstieg und Fall des Sonnenhelden und spiegeln damit die jährliche Bahn der Sonne, die zu ihrem sommerlichen Höchststand die Welt mit goldenen Strahlen überflutet, am kürzesten Tag des Jahres aber nur kraftlos und blaß tief über den Horizont kriecht.

Wenn wir uns hier kurz in Erinnerung rufen, wie wir als Kind reagiert haben, als wir zum erstenmal erfuhren, daß die Erde rund ist, verstehen wir auch, was die Alten dort oben gesehen haben: So wie wir damals erstaunt festgestellt haben, daß dann ja die Menschen auf der anderen Seite der Erdkugel auf dem Kopf stehen müssen, so gingen die Alten davon aus, daß der Sonnenheld, wenn er an der tiefsten Stelle der Kreisbahn genau gegenüber seiner königlichen Würde angekommen war, eben mit dem Kopf nach unten hing.

Auf dieser jährlichen Beobachtung basiert im übrigen das Weltbild der Alchimie. Natürlich entsprach die Sonne an ihrem sommerlichen Höchststand reinstem Gold. Im Winter dagegen, wenn sie krank und schwer nur noch tief über den Horizont kroch und ihr verblassendes Licht bläulich schimmerte, wußte man: Sie ist voller Blei. So erklärt sich auch das alchimistische Axiom: Blei ist im Innersten reinstes Gold. Die Wandlung vom Niedersten zum Höchsten, vom Blei zum Gold, die die Sonne dem Menschen jährlich aufs neue vorführte, versuchten die Alchimisten in ihrem Labor nachzuvollziehen.

Im Tarot werden diese beiden Stufen gespiegelt durch die Karten »Die Welt«, die dem aufrechten Sonnenhelden zur Zeit des sommerlichen Höchststandes entspricht, und dem »Gehängten«, der ihn schwach und mit dem Kopf nach unten wie die kraftlose, kranke Wintersonne zeigt. So wie die Karte »Die Welt« im Tarot für das Zuhause steht, ist die Sonne im Sommer im Zeichen Löwe zu Hause, und so wie der Gehängte mit dem Kopf nach unten hängt, dachten sich die Alten den Sonnenhelden am tiefsten Punkt seiner Laufbahn, am kürzesten Tag des Jahres.

Wenn wir nun schauen, welche Stationen der gehängte Held als nächste zu durchlaufen hat, bekommen wir eine Ahnung davon, auf welche Zeiten die Symbolik der Karten zurückgeht: Durch eine langsame, aber schon in alter Zeit bekannte Bewegung verschiebt sich der Fixsternhimmel alle 72 Jahre um ein Grad, so daß der Frühlingspunkt (die Frühlings-Tag-und-Nachtgleiche) im Laufe von jeweils etwa 2000 Jahren um ein Sternzeichen vor-

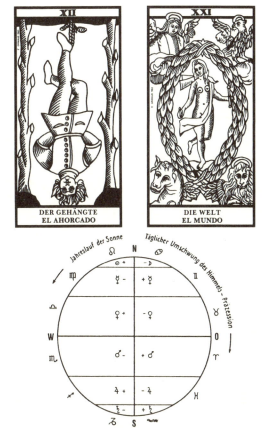

Stand des Tierkreises im Stierzeitalter

rückt. Aus diesem Grund sprechen wir heute vom Anbruch des Wassermannzeitalters: Zur Zeit der Frühlings-Tag-und-Nachtgleiche steht die Sonne nun im Sternbild Wassermann, nachdem sie die letzten 2000 Jahre an diesem Tag des Jahres im Sternbild Fische war. Aber erst wenn wir diesen Vorgang mindestens 70° (das sind 5000 Jahre) zurückdrehen, so daß wir beim Sternenhimmel des mythenbildenden Stierzeitalters angekommen sind, entspricht die Symbolik dem, was uns die Tarotkarten zeigen. Damals nämlich stand der Zodiak »richtig«. Das heißt, die Häuser, die Sonne und Mond bewohnten, waren an der obersten Stelle, an der untersten dagegen lagen die beiden Häuser des Herrn des großen Schweigens: Saturn. Er, der Herrscher über die beiden Zeichen Steinbock und Wassermann, gebot über das große Mysterium von Tod und Wiedergeburt, oder um es in der Sprache der Mythen auszudrücken: Er war der Hüter der Wasser des Todes und der Wasser des Lebens. Im so gestellten Zodiak verstehen wir auch die Bedeutung des Zeichens Wassermann, der, nachdem die Sonne hier am jährlichen Tiefstpunkt ihre gefahrvolle Reise über die Wasser des Todes bestanden hat, ihr die Wasser des Lebens reicht. Diese Geschichte erzählt das berühmte Epos des Gilgamesch, der die gefahrvollen Wasser des Todes überqueren muß, bevor ihm Utnapitschim (der sumerisch-babylonische Noah) den geheimen Weg zum Kraut des Lebens weist. Älteste Abbildungen

Der Wassermann vom Grenzstein Nr. 6 aus Susa.

Der Wassermann vom runden Tierkreis von Dendera.

aus Babylonien und Ägypten zeigen das Bild des Wassermanns und erinnern uns mit den zwei Gefäßen deutlich an die Abbildung der 14. Karte »Mäßigkeit«. Insofern ist es auch sehr zutreffend, wenn im Rider-Waite-Deck auf den beiden Karten, die dem Gehängten folgen, Wasser zu sehen ist: die Wasser des Todes mit dem Totenboot des Pharao auf der 13. Karte und die Wasser des Lebens in der 14. Karte.

Daß hier an der tiefsten Stelle des Jahreslaufs der Sonne, am Mysterienpunkt, über dessen Geheimnisse Saturn mit strengem Schweigen wacht, tatsächlich die Wasser des Lebens und des

Todes dicht beieinander fließen, hat Julius Schwabe in seinem hervorragenden Buch »Archetyp und Tierkreis«[2] eindrucksvoll nachgewiesen. Wenn nun die »zufällige« Reihenfolge, zu der sich die Karten seit etwa 1600 zusammengefunden haben, in der Sequenz 12, 13, 14 zeigt, daß die kranke Wintersonne (12) durch die Wasser des Todes gehen muß (13), um die Wasser des Lebens zu erlangen (14), spiegelt sie damit die himmlische Wirklichkeit, wie sie sich dem Menschen im Stierzeitalter, das heißt zum Ende der Jungsteinzeit vor etwa 5000 Jahren, dargestellt hat, denn nur damals fand die Wintersonnenwende am Übergang vom Saturnzeichen Steinbock zum Saturnzeichen Wassermann statt. Sicherlich ist dies kein hinreichender Beweis für das wirkliche Alter der Karten, wohl aber ein beeindruckendes Dokument von der Unbestechlichkeit archetypischer Bilder.

So mag denn der okkulte Tarot vielleicht nur 200 Jahre alt sein, die Karten selbst vielleicht nur 500 bis 600 Jahre, das Wissen aber, das sie spiegeln, geht zurück bis an die frühesten Schwellen menschlichen Bewußtseins.

Zahlenmystik und Mythologie als Schlüssel zum besseren Verständnis der Tarotsymbole

Die von Arthur Edward Waite praktizierte Umnumerierung der Karten Kraft und Gerechtigkeit widerspricht der Zahlenmystik und dem mythologischen Denken

Wie weithin bekannt, hat Arthur Edward Waite, der geistige Vater des Tarotdecks mit der größten Verbreitung, die bis zur vergangenen Jahrhundertwende übliche Zählfolge der Karten verändert, indem er die 8. und die 11. Karte der Großen Arkana (Gerechtigkeit und Kraft) miteinander austauschte. Er selbst hat diesen

---

2 Schwabe, Julius, »*Archetyp und Tierkreis*«, Hann. Münden (Gauke Reprint), 1987

Diesem Buch verdanke ich wertvollste Erkenntnisse. Schwabe zeigt darin auch die weitreichende Verbreitung dieser Symbolik. Wir finden sie in nordischen, sumerischen und griechisch-römischen Mythen ebenso wie bei den Azteken. Sie ist Grundlage des als Caducäus bekannten Hermesstabs, der indischen Chakrenlehre, des kabbalistischen Lebensbaums und so fort. Schwabe gibt – ohne ein Freund der Astrologie zu sein – eine der profundesten Einführungen in ihr Weltbild und ihren Ursprung.

Schritt nie öffentlich erklärt, sondern lediglich festgestellt, daß er diese Veränderung infolge ihn überzeugender Gründe getan habe.

Marseiller Tarot

Rider-Waite-Tarot

Wer Tarot ohne numerische Komponente betrachtet, wird diese Umnumerierung kaum beachten und häufig nicht einmal bemerken. Sobald aber Zahlen als weiterer Weg zum Verständnis der Karten erkannt werden oder wenn ein numerisches System zur

Deutung herangezogen wird, stellt sich die Frage, welche Zählfolge zutreffender ist.

Mir erscheint die Reihenfolge der Großen Arkana aus den folgenden drei Gründen wesentlich:

1. Die Großen Arkana spiegeln die Reise des Helden, die Grundstruktur der Mythen und Märchen. Wenn dabei zwei Stationen ausgetauscht werden, stimmt die Geschichte nicht mehr.

2. Die Zahlenmystik (und damit die Zahlen der Großen Arkana) bietet einen wertvollen Schlüssel zum besseren Verständnis der Karten.

3. Am Schluß einer Kartendeutung ermittle ich die Quintessenz. Dazu zähle ich die Zahlen der aufgedeckten Karten zusammen und reduziere sie gegebenenfalls durch Bildung von Quersummen so lange, bis ich eine Zahl zwischen 1 und 22 erhalte. Die dieser Zahl entsprechende Karte der Großen Arkana versinnbildlicht die Quintessenz: Sie zeigt den Weg, den der Frager gehen soll, macht einen abschließenden Vorschlag für den ersten Schritt, für die Vorgehensweise. In diesem Fall werden die Zahlen gleich zweimal wichtig: bei der Ermittlung der Quintessenzzahl und bei der Feststellung, welche Karte den Weg weist, wenn 8 bzw. 11 die Quintessenz ist.

A. E. Waite hat sich nur spröde und spärlich zu seiner Umnumerierung geäußert. Wir können nur vermuten, was ihn zu diesem Schritt bewegte. Da ich mich aber für die alte – im Marseiller Deck noch erhaltene – Zählfolge entschieden habe, liegt es mir mehr am Herzen, die dafür sprechenden Gründe aufzuführen:

Aus Sicht der Zahlenmystik

(Als bekannt muß ich voraussetzen, daß 3 die göttliche, 4 die irdische Zahl ist, und daß die 0 für das Absolute steht.)

Die Zahl 8

a) Für die Pythagoräer war 8 die Zahl der Gerechtigkeit, da sie sich in immer gleiche Einheiten unterteilen ließ: $8 = 2 \times 4$, $4 = 2 \times 2$, $2 = 2 \times 1$.

b) Die querliegende Acht, die Lemniskate ∞, gilt als Symbol zweier miteinander harmonisch verbundener Bereiche oder Welten. Wir finden sie auf der Karte des Magiers als Ausdruck der Harmonie zwischen Bewußtem und Unbewußtem. Auf der Karte Kraft zeigt sie die Harmonie des zivilisierten Menschen mit seiner animalischen Natur. Welche Bedeutung dieser Aspekt für das Thema Gerechtigkeit hat, wird durch die folgende Betrachtung deutlich:

c) Während das Quadrat oder das Kreuz als Symbol der 4 für die irdische Realität steht, die 0 oder der Kreis dagegen die göttliche Hemisphäre oder das Absolute verkörpert, steht das Achteck oder der achteckige Stern als die Mittellinie zwischen dem Bereich des Irdischen (Quadrat) und des Göttlichen (Kreis).

Achteck und Achtstern zeigen das Äußerste, was der Mensch erreichen kann, wenn er von seiner irdischen Welt (Quadrat) nach der göttlichen (Kreis) strebt. In der Farbsymbolik wird dies durch Violett ausgedrückt, der letzten Farbe des Regenbogens, die der Mensch sehen kann. Ihr folgt Ultraviolett. Waite hat diesen Gedanken ebenfalls mit der Gerechtigkeit verknüpft, die sich als irdische Gerechtigkeit nach göttlicher Gerechtigkeit ausrichten kann und muß, diese Vollkommenheit aber nie erreicht. Der violette Vorhang auf seiner Gerechtigkeitskarte symbolisiert die gleiche Trennlinie vor dem göttlich-goldenen Hintergrund, wie wir sie als Achteck zwischen Quadrat und Kreis haben.

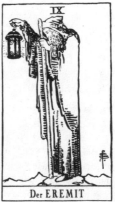

Eben diese Symbolik des für den Menschen größtmöglichen Erreichbaren hat auch der Achtstern in der Lampe des Eremiten: Er zeigt, daß uns diese Lebensform zu der umfassendsten Erkenntnis bringen kann. In der Karte Stern steht er für größtmöglichen Einblick und Vertrauen in die kosmische Ordnung. In der Krone des Wagenlenkers zeigt er dagegen dessen höhere Herkunft: Wie Attis, Adonis oder Tammuz ist der Wagenlenker Sohn der Großen Göttin, das göttliche Kind, das hier auf Erden (entsprechend dem Quadrat auf seiner Brust) wirken und walten muß.

Die Zahl 11

11 ist die Zahl der »Sünde«. In dieser Zuordnung liegt zweifellos eine Wertung, die eine genauere Betrachtung verlangt:

Friedrich von Schiller läßt seinen Wallenstein durch dessen berühmten Astrologen Seni warnen: »Meide die 11! 11 ist die Zahl der Sünde, 11 ist eins mehr als die 10 Gebote.« Auf den ersten Blick mag das auf uns etwas naiv wirken. Ein Blick auf verschiedene Kulturen zeigt uns jedoch, daß die 10 häufig Ausdruck des rechten, göttlichen Maßes ist. Schon die Pythagoräer sahen in ihr die göttliche Zahl, die als Summe der vier Grundzahlen (1 + 2 + 3 + 4 = 10) die ihnen heilige Punktepyramide (Tetraktys) bildete:

So angeordnet, entsteht aus den die Wirklichkeit symbolisierenden und im pythagoräischen Weltbild bedeutsamsten Zahlen 1 bis 4 ein aus 10 Punkten geformtes göttliches Dreieck, ein Symbol der Vollkommenheit. Die jüdisch-christliche Tradition kennt die 10 Gebote, die Kabbala die 10 Sephirot im Baum des Lebens und im Fernen Osten begegnen wir der Zehn in den 10 Bildern der Zengeschichte »Der Ochse und sein Hirte« als Sinnbild des Weges zur Vollkommenheit.

Wenn aber 10 Ausdruck des vollkommenen Zustandes oder der göttlichen Ordnung ist, dann kann 11 tatsächlich als Zahl der Überschreitung verstanden werden.

Noch deutlicher aber wird die Bedeutung der 11 anhand einer alten Überlieferung, die erklärt, wie es zu den 11 Tagen Unterschied zwischen dem Mondjahr (354 Tage) und dem Sonnenjahr (365 Tage) kam:

In jenen Tagen als alle Jahre noch 360 Tage hatten, verfluchte einst Ra, der erhabene Sonnengott, seine Gemahlin Nut, die Mutter der Götter, weil sie ihn unablässig mit anderen Liebhabern betrog. Durch diesen Fluch konnte sie die Früchte ihrer Fehltritte weder unter der Herrschaft der Sonne noch der des Mondes, weder bei Tag noch bei Nacht, zur Welt bringen.

Das erfuhr einer ihrer Liebhaber, der große Thot (der listenreiche Hermes). Er sann auf Hilfe. Mit einem von ihm gerade erfundenen Brettspiel machte er sich auf den Weg zu Selene, der Mondgöttin. Ihr schlug er vor, sich die langen Tagesstunden mit einem Spiel zu vertreiben, und er überredete sie, dabei den 72. Teil des Jahres (360 : 72 = 5 Tage) einzusetzen. Sie spielten den ganzen Tag. Mal neigte sich das Glück zu Selene, mal zu Thot. Aber er wäre gewiß nicht der Gott der Kaufleute, der Diebe, des fahrenden Volkes und der Falschspieler, wenn er dieses Spiel nicht geschickt gewonnen hätte. So nahm er der arglosen Mondgöttin 5 Tage ab, die er an das alte Jahr anflickte, das seit jenem denkwürdigen Spiel 365 Tage hat. Er setzte sie ein an der Stelle des Jahres, an der in Ägypten erstmals der Hundsstern Sirius aufgeht. Die Menschen nennen sie deshalb auch die Hundstage. Es sind die heißesten des Jahres. Da sie weder unter der Herrschaft der Sonne noch des Mondes standen, konnte Nut an jedem dieser Tage gebären. So kam das Böse in die Welt. Die 5 Tage aber, die Selene verlor, verkürzten ihr Mondjahr, weil es ja in Nächten gezählt wird, auf 354.

Die 11 verkörpert seitdem die Idee einer wilden Zeit, die »zwischen den Zeiten« liegt. In den meisten Kulturen ist dies ein Zeitabschnitt im Jahr, an dem die normalen Verhältnisse kopfgestellt sind. Während dieser Zeit vergißt der sonst kultivierte

Mensch seine Zivilisation und wird wieder eins mit den archaischen Kräften, denen er entstammt. Die Saturnalien der Römer, die Narrenfeste, Frauenfeste, Werwolffeste, das Haberfeldtreiben und viele andere Volksfeste gehen darauf zurück. Uns blieb der Karneval, der markanterweise am 11.11. um 11 Uhr 11 beginnt und von einem 11köpfigen Präsidium geleitet wird.

Da die Lust am wilden Treiben und die Urkraft, mit der sich gerade auch der brave Bürger Amtsmiene, Manschetten, Frack, Krawatte und Korsett vom Leibe riß, natürlich für die Zivilisation bedrohlich ist, wurde und wird dieses Verhalten gerne als Sünde abgestempelt.

DIE GERECHTIGKEIT
LA JUSTICIA

DIE KRAFT
LA FUERZA

Wenn wir nun die Karte Kraft, die Aleister Crowley zu Recht »Lust« genannt hat, mit der Karte Gerechtigkeit vergleichen, finden wir die Thematik der Zahl 11 nur in dem Motiv der Kraft wieder, wie die Zahl 8 ihrerseits hervorragend die Idee der Gerechtigkeitskarte wiedergibt.

Aus mythologischer Sicht

Auch wenn wir uns die Karten als konsequenten Aufbau der Reise des Helden anschauen, kommen wir zu dem gleichen Ergebnis:

Die 8. Karte

a) Nachdem die 7. Karte (Der Wagen) die archetypische Station vom Aufbruch des Helden zeigt, muß uns die nächste Karte die erste Erfahrung zeigen, die jemand macht, der sein Elternhaus und auch die Stadt verläßt, die ihm bislang Schutz und Geborgenheit gab, um nun eigene Wege zu gehen. Die erste Lektion heißt sicherlich, daß er ab sofort für alles und jedes selbst verantwortlich ist, daß er ernten wird, was er gesät hat. Beides sind zentrale Themen der Karte Gerechtigkeit.

b) Auch unsere Sprache erinnert sich noch an die Bedeutung dieses archetypischen Schrittes, wenn sie in der Acht den Durchbruch zu Klarheit und Bewußtsein erkennt. Während wir die ersten sieben Karten mit dem Heranwachsen des Helden in Verbindung bringen können, zeigt uns der Wagen das Ende dieser Phase. Die 8. Karte muß dann folgerichtig den Beginn eines neuen Abschnittes verkörpern. Dieser Schritt aus der Kindheit ins erwachsene Alter läßt sich auch mit dem Schritt aus einer weitgehend unbewußten Zeit zu klarem Bewußtsein vergleichen. Wobei auf der Symbolebene die analoge Gleichsetzung von »unbewußt = Nacht = negativ« gilt. Die Sprache kennzeichnet diesen Ausbruch aus der Nacht des Unbewußten eindrucksvoll als 8. Stufe indem sie dabei die Nacht vom negativen N befreit und zur Acht werden läßt. Das hätte sicherlich keinerlei Beweiskraft, wenn es sich hier lediglich um ein Phänomen der deutschen Sprache handelte. Überzeugend aber ist die Feststellung, daß auch andere europäische Sprachen das gleiche ausdrücken[1]:

deutsch:	Acht	– Nacht
englisch:	Eight	– Night
französisch:	Huit	– Nuit
italienisch:	Otto	– Notte
spanisch:	Ocho	– Noche
lateinisch:	Octo	– Nox (Noctu)

Damit erkennt unsere Sprache die Acht als den Ausbruch aus der Nacht des Unbewußten, der zugleich ein Durchbruch zum Bewußtsein ist. Im Tarot steht die Karte Gerechtigkeit für das bewußte, kluge, überlegte Urteil (im Unterschied zu der dem Aufbruch des Helden zuvorgehenden 6. Karte »Die Liebenden«, die die Herzensentscheidung darstellt). Waite hat diesen Aspekt dadurch zum Ausdruck gebracht, das er auf seiner Karte die rechte (bewußte) Seite der die Gerechtigkeit verkörpernden Dike (Astraia oder auch Nemesis) betont, indem er sie mit dem vorgestreckten rechten Fuß zeigt.

DER LIEBENDE
EL ENAMORADO

DIE GERECHTIGKEIT
LA JUSTICIA

GERECHTIGKEIT

1 Diese Einsicht verdanke ich dem hervorragenden Werk von Jean Gebser, »*Ursprung und Gegenwart*«, München (dtv) 1973

Auch die Achten der Kleinen Arkana zeigen in ihrer Weise den Beginn einer neuen Erfahrung:

8 Stäbe   = Etwas Neues liegt in der Luft
8 Schwerter = Die Durststrecke zu Beginn einer neuen Phase
8 Münzen   = Der konsequente und fröhliche Neubeginn
8 Kelche   = Der schwere Aufbruch ins Ungewisse

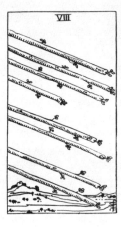

Die 11. Karte

a) Eine Unterbedeutung der Karte Kraft liegt im Begriff der Selbstüberheblichkeit, die die Griechen »Hybris« nannten. Damit bezeichneten sie die frevelhafte Haltung eines Menschen, der sich dem Gebot der Götter widersetzte. Hybris war das einzige Vergehen, das die Götter unverzüglich bestraften.

DIE KRAFT
LA FUERZA

DAS RAD DES LEBENS
LA RUEDA DE LA FORTUNA

DER GEHÄNGTE
EL AHORCADO

Wenn nun das Schicksalsrad auf der 10. Karte der Station entspricht, bei der der Held das Orakel befragt, was seine Aufgabe im Leben sei, so kann die 11. Karte seine Auflehnung, seine Hybris zeigen, die ihn notwendigerweise zu Fall bringt. Dementsprechend versinnbildlicht der Gehängte auf der 12. Karte das Gefängnis, die Klemme oder ganz allgemein die Buße, die der Held für seine Verfehlung erleiden muß.

Zwar würde hier auch die Karte Gerechtigkeit als Vorläuferkarte zu Gefängnis und Buße passen, das Thema der Karte Kraft aber stellt ein bekanntes mythologisches Motiv und damit ein echtes und besseres Bindeglied zwischen dem Schicksalsrad und dem Gehängten dar.

b) Wenn uns die Großen Arkana die Reise des Sonnenhelden zeigen, müssen wir darin sowohl seine Tagesreise (die Bewußtwerdung) wie auch das Motiv der Nachtmeerfahrt (die Reise in das Dunkle der Seele zum schwer erreichbaren Gut) erkennen.

Reise des Sonnengottes Ra in der ›Barke der Millionen Jahre‹. Aus dem Papyrus des Ani (ca. 1420 v. Chr.). Oben die Nachtmeerfahrt (auf den Sternenhimmel zu). Unten die Reise am Tageshimmel (an der Sonne vorbei).

DER MAGIER
EL MAGO

DIE GERECHTIGKEIT
LA JUSTICIA

DER EINSIEDLER
EL ERMITAÑO

Das Thema der Bewußtwerdung wird von den ersten 10 Karten dargestellt, die von der männlichen Kraft des Magiers eingeleitet werden und in den Stationen 8 und 9 gipfeln. Die 8. Karte zeigt den Durchbruch zum Bewußtsein. Der Eremit auf der 9. Karte steht für den Archetyp des alten, weisen Mannes. Hier erfährt der Held seinen wahren Namen und erhält die magischen Werkzeuge oder die Zauberformel, die er am Ende seiner Reise braucht, um die große Tat zu vollbringen.

Das Schicksalsrad bringt die notwendige Wende von der Tagesreise zur Nachtmeerfahrt. Auf dieser dunklen Seite liegen in den

DAS RAD DES LEBENS
LA RUEDA DE LA FORTUNA

DER TEUFEL
EL DIABLO

DER TURM
LA TORRE

Stationen 15 (die verkauften Seelen) und 16 (ihre dramatische Befreiung) die großen Aufgaben des Helden. Da es sich dabei um eine Begegnung mit den Instinktkräften unserer animalischen Natur handelt, um die Erlösung unseres Schattens und anderer unbewußter Bilder, wird die zweite Dekade der Großen Arkana zu Recht von der weiblichen Kraft angeführt, die die Zähmung des Löwen darstellt. Waite hat den Zusammenhang zwischen den Karten Magier und Kraft zwar durch die farblich ähnliche Gestaltung beider Karten verdeutlicht und auch die Lemniskaten (∞) übernommen, die schon in den Marseiller Karten in den Hüten verborgen sind. Daß aber jede dieser Karten eine neue Dekade einleitet, ist in seinem Aufbau nicht mehr zu erkennen.

Somit wäre aus Sicht der Zahlenmystik und der Mythologie die alte Struktur der Großen Arkana gegenüber der von Arthur Edward Waite eingeführten Zählfolge vorzuziehen.

Informationen über Tarotseminare beim Autor unter
folgender Adresse:

Hajo Banzhaf
Mauerkircherstraße 29/IV
81679 München

Es gibt viele Wege
mit dem Tarot-Orakel vertraut zu werden...

z. B. mit dem Einstiegsbuch

Das Arbeitsbuch zum Tarot
von Hajo Banzhaf
184 Seiten
auch als Set zusammen mit *Rider-Waite* Tarotkarten

Eugen Diederichs Verlag

Es gibt viele Wege
mit dem Tarot-Orakel vertraut zu werden ...

z. B. mit dem Beispielbuch

Tarot Deutungsbeispiele
von Hajo Banzhaf
336 Seiten

Eine ausführliche und detaillierte Einführung in die Praxis der Kartendeutung mit über 70 Deutungsbeispielen, die die Frage- und Aussagemöglichkeiten der Karten zeigen und veranschaulichen.

Heinrich Hugendubel Verlag

Es gibt viele Wege
mit dem Tarot-Orakel vertraut zu werden...

z. B. mit dem Grundlagenbuch

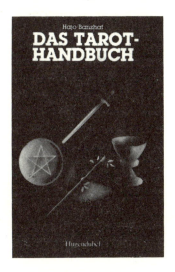

Das Tarot-Handbuch
von Hajo Banzhaf
259 Seiten

Ein übersichtliches und anschauliches Einstiegsbuch aufgrund seiner didaktischen Klarheit und zusammenfassenden Interpretation zu jeder einzelnen Karte.

Heinrich Hugendubel Verlag

Es gibt viele Wege
mit dem Tarot-Orakel vertraut zu werden...

z. B. mit dem Crowley-Tarotbuch

Der Crowley-Tarot
von Akron / Hajo Banzhaf
220 Seiten

auch im Set
mit den Karten von Aleister Crowley und Lady Frieda Harris

Heinrich Hugendubel Verlag

GOLDMANN

Vom magischen Umgang mit Geld

Bete und werde reich 11881

Die dynamischen Gesetze
des Reichtums 11879

Der Geist in der Münze 11820

Kreativ Reichtum schaffen 12190

Goldmann · Der Taschenbuch-Verlag

Die Abbildung auf dem Umschlag dieses Buches wurde uns freundlicherweise von der arsEdition zur Verfügung gestellt. Sollten Sie Lust auf weitere magische Bilder haben, finden Sie hier eine Auswahl:

„Versuche

nichts

ISBN 3-7607-8297-3
Das Magische Auge I
Dreidimensionale
Illusionsbilder
von Tom Baccei
(N.E.Thing Enterprises)
DM 29,80
öS 233,00 / sFr 29,80

zu sehen,

dann

ISBN 3-7607-1105-7
Das Magische Auge II
Dreidimensionale
Illusionsbilder
von Tom Baccei
(N.E.Thing Enterprises)
DM 29,80
öS 233,00 / sFr 29,80

siehst Du

ISBN 3-7607-1128-6
Das Magische Auge III
Dreidimensionale
Illusionsbilder
von Tom Baccei
(N.E.Thing Enterprises)
DM 29,80
öS 233,00 / sFr 29,80

*es.**

***Tom Baccei ist Computerfachmann und Autor
des Megasellers DAS MAGISCHE AUGE**

ars≡dition

GOLDMANN TASCHENBÜCHER

Das Goldmann Gesamtverzeichnis erhalten Sie im Buchhandel oder direkt beim Verlag.

Literatur · Unterhaltung · Thriller · Frauen heute
Lesetip · FrauenLeben · Filmbücher · Horror
Pop-Biographien · Lesebücher · Krimi · True Life
Piccolo Young Collection · Schicksale · Fantasy
Science-Fiction · Abenteuer · Spielebücher
Bestseller in Großschrift · Cartoon · Werkausgaben
Klassiker mit Erläuterungen

* * * * * * * * * *

Sachbücher und Ratgeber:
Gesellschaft / Politik / Zeitgeschichte
Natur, Wissenschaft und Umwelt
Kirche und Gesellschaft · Psychologie und Lebenshilfe
Recht / Beruf / Geld · Hobby / Freizeit
Gesundheit / Schönheit / Ernährung
Brigitte bei Goldmann · Sexualität und Partnerschaft
Ganzheitlich Heilen · Spiritualität · Esoterik

* * * * * * * * * *

Ein SIEDLER-BUCH bei Goldmann
Magisch Reisen
ErlebnisReisen
Handbücher und Nachschlagewerke

Goldmann Verlag · Neumarkter Str. 18 · 81664 München

Bitte senden Sie mir das neue kostenlose Gesamtverzeichnis

Name: _____

Straße: _____

PLZ / Ort: _____